韩昭君 ◎ 著

供应链关系管理之公平与权力

GONGYINGLIAN GUANXI GUANLI ZHI
GONGPING YU QUANLI

中国财经出版传媒集团
经济科学出版社
Economic Science Press

图书在版编目（CIP）数据

供应链关系管理之公平与权力 / 韩昭君著. —北京：经济科学出版社，2021. 8

ISBN 978 - 7 - 5218 - 2645 - 6

Ⅰ. ①供…　Ⅱ. ①韩…　Ⅲ. ①供应链管理　Ⅳ. ①F252. 1

中国版本图书馆 CIP 数据核字（2021）第 124055 号

责任编辑：李　军　谭志军
责任校对：徐　昕
责任印制：范　艳　张佳裕

供应链关系管理之公平与权力
韩昭君　著
经济科学出版社出版、发行　新华书店经销
社址：北京市海淀区阜成路甲 28 号　邮编：100142
总编部电话：010 - 88191217　发行部电话：010 - 88191522
网址：www. esp. com. cn
电子邮箱：esp@ esp. com. cn
天猫网店：经济科学出版社旗舰店
网址：http://jjkxcbs. tmall. com
固安华明印业有限公司印装
710 × 1000　16 开　12. 25 印张　200000 字
2021 年 8 月第 1 版　2021 年 8 月第 1 次印刷
ISBN 978 - 7 - 5218 - 2645 - 6　定价：58. 00 元
（图书出现印装问题，本社负责调换。电话：010 - 88191510）

前 言

在当前复杂多变的全球竞争中，供应链管理的重要性日益凸显，越来越多的制造企业凭借良好的供应链管理在市场上取得一席之地，与此同时，也有一批企业受供应链管理所累，艰难生存。大量企业实践表明，未维持良好的供应链关系以及由此导致的供应商投机行为是企业供应链管理失败的主要原因。因此，深入研究供应链关系管理的作用机制，以及寻找有效的供应链治理手段，对我国制造企业提高供应链管理水平具有重要意义。

在此背景下，本书基于公平理论、社会交换理论和交易成本理论，探索了公平和权力两种重要的关系管理手段之间的关系，以及它们对供应商投机行为的控制作用；并进一步研究了企业对法律环境和市场环境的认知如何影响关系治理的有效性。具体而言，本书主要探索以下研究问题：（1）供应商公平的不同维度如何影响制造商权力的使用？（2）制造商两种权力（非强制权力和强制权力）的使用和感知到的两种环境不确定性（法律环境不确定性和市场环境不确定性）如何直接影响供应商的投机行为？（3）法律环境不确定性和市场环境不确定性对非强制权力和强制权力与投机行为之间关系的调节作用有何不同？（4）我国制造企业供应链背景下公平和权力的模式是怎样的？

本书综合使用定性与定量分析相结合、维度化与结构化分析相结合的方法对研究问题展开研究；使用结构方程模型、回归分析和聚类分析等统计分析技术对 240 家制造企业的数据进行分析，所得研究结论和主要贡献如下：

（1）通过研究供应商公平对制造商权力使用的影响，将组织行为领域的公平理论在供应链背景下的适用性进行了验证，并丰富和发展了权力前因变量的研究。研究发现，分配公平和互动公平都能提高非强制权力的使用，但是对强制权力没有影响；程序公平会降低强制权力的使用，但是对非强制权力没有影响，揭示了组织行为领域提出的程序公平理论在供应链背景下的适用性，即相比分配和互动公平，程序公平的作用更突出。只有程序公平能够让制造商对供应商产生认同和归属感，让制造商愿意将个体利益服从整体利益，从而减少强制权力的使用。此外，非强制权力和强制权力会对合作关系产生截然相反的影响，研究两种权力不同的前因变量对于供应链合作关系非常重要。本书提出，分配和互动公平可以促进非强制权力，程序公平可以制约强制权力，因此，本书为权力前因变量的研究提供了新的视角，也为供应链中的企业影响其合作伙伴权力的使用提供了有力的工具。

（2）通过研究两种权力（非强制权力和强制权力）和两种环境因素（法律环境不确定性和市场环境不确定性）对投机行为的直接作用，揭示了非强制权力的治理机制的属性，强制权力的行为不确定性的属性；并揭示了两种环境因素对投机行为不同的影响机制。研究发现，非强制权力显著地降低了投机行为，为非强制权力作为一种关系机制提供了实证依据。强制权力提高投机行为，揭示了强制权力的行为不确定的属性，为理解强制权力的作用提供了新的视角。研究还发现，法律环境不确定性和市场环境不确定性都会提高投机行为，但是它们的影响机制不同，法律环境不确定性通过降低投机的惩罚成本提高投机行为，市场环境不确定性通过增加合同中的漏洞提高投机行为，揭示了两种环境因素对企业商业行为不同的影响机制，为企业更准确地理解和应对外部宏观环境提供了实践指导。

（3）通过研究法律环境不确定性和市场环境不确定性对权力与投机行为之间关系的调节作用，为权力的研究提供了新的权变视角，并丰富了供应链关系治理的文献。研究发现，法律环境不确定性加强了非强制权力对投机行为的抑制作用，也加强了强制权力对投机行为的促进作用；市场环境不确定性减弱了非强制权力对投机行为的抑制作用，但是加强了强制权力对投机行为的促进作用。说明企业对宏观环境的感知会影响和改变权力的作用，并且不同环境因素对权力作用的影响不同，因此，企业在使用权力时应该考虑供应链伙伴对宏观环境的认知，这样才能最大限度地发挥权力的优势，规避权力的劣势。此外，感知到的法律环境和市场环境会影响非强制权力作为关系机制的有效性，说明治理机制的有效性受限于企业所处的外部环境，企业需要根据所处的环境寻找最有效的治理机制。

（4）通过采取结构化的视角对公平和权力的模式进行分类，发现在我国制造业供应链背景下公平和权力存在不同的模式，对理解公平和权力在供应链上的作用提供了更全面的视角，也为我国制造企业有的放矢地使用公平和权力影响供应链关系提供了实践指导。研究发现，公平存在四个模式：三种公平都高的高公平均衡模式、三种公平都低的低公平均衡模式、分配公平低而程序和互动公平高的低分配公平模式和程序公平低而分配和互动公平高的低程序公平模式；权力可以分为强制权力和非强制权力都高的高强制权力模式和强制权力低而非强制权力高的低强制权力模式。通过对公平和权力的模式进行划分，揭示了公平的不同维度以及权力的不同维度的联合作用，为理解公平和权力的作用提供了更全面的视角。同时，公平和权力的不同模式也揭示了我国制造企业供应链合作关系的现实情况，为我国制造企业通过有的放矢地调整公平和权力的模式影响供应链合作伙伴的行为提供了有力的实践指导。

本书的主体内容源自作者的博士论文。博士论文成稿于 2017 年 6 月，三年多以来本人对供应链关系管理进行了更加深入的研究，也有了更加深入的理解，更加相信供应链关系管理能够帮助我国企业在供应链管理方面取得实质性突破，也更加希望能够让更多管理者认识到供应链关系管理的重要性，了解到供应链关系管理工具的有效性，为此而著此书。在此，由衷感谢导师霍宝锋教授和母校浙江大学的培养！

韩昭君

2021 年 2 月于大连理工大学

目　录

第1章　绪　论

1.1　研究意义

1.1.1　现实背景

中国工程院战略咨询中心、南京航空航天大学等单位联合发布了《2020中国制造强国发展指数报告》。该报告指出，我国制造强国发展指数达到110.84，虽然取得了显著的进步，但是依然位列第三阵列，与前两阵列还存在不小的差距。报告同时指出，在“制造强国发展指数”的四个分项数值上，我国仅在“规模发展”方面具有显著优势，而在“质量效益”“结构优化”“持续发展”三个方面仍存在短板，因此，我国制造业要实现高质量发展之路依然任重道远。

《2016全球制造业竞争力指数》的报告指出，供应商网络是制造业竞争力的第四大关键驱动因素（前三名分别是人才、成本和生产力）。类似地，颜家平（2016）基于对中国制造业的实践研究，指出中国制造业只有步入供应链协同时代才能实现“制造业整体素质大幅提升”（《中国制造2025》）。这些报告和研究都说明，供应链管理是我国制造业在全球竞争中获取竞争优势、实现制造强国的重要手段。

现实中，也有越来越多的企业案例表明，商业竞争已经不再是企业与企业的竞争，而转变为供应链与供应链的竞争。例如，本田通过选择与距离较近的供应商建立密切的合作关系，实现了准时化（just in time，JIT）供货，很大程度降低了库存周转周期。[①] 沃尔玛通过网络与数据交换系统，与供应商进行实时信息共享，实现了及时供货和快速响应。此外，密切的供应链合作关系能够让企业获得更多探索和利用外部供应链知识的机会，帮助企业在激烈的市场竞争中不断提高产品开发能力，优化问题解决方案。例如，沃尔玛不仅帮助供应商提高供货和配送的能力，也会帮助有战略合作伙伴关系的供应商进行新产品研发和质量控制等。[②] 三洋冷链的供应商大连华鹰，出于对三洋冷链的感激和重视，在三洋冷链的冰柜出现问题时，积极参与其产品改进项目中，帮助三洋冷链解决了与哈根达斯合作中出现的问题。[③]

这些实例表明，只有当企业与供应链成员建立战略伙伴关系时，才能最大限度地发挥供应链的优势。然而，供应链关系管理对于我国制造企业来讲，依然是一个老大难问题。企业对于促进和制约供应链合作关系的影响因素尚不清楚。现实中，很多企业由于没有正确地管理供应链关系，导致合作关系破裂，不但没能从供应链合作中获得收益，反而被供应链合作伙伴所累。本书将通过若干典型案例，揭示影响供应链关系管理的重要因素。

第一，2004 年 2 月，成都国美电器在没有提前通知格力的情况下，突然对其销售的格力空调大幅降价。格力对此表示，国美电器严重影响了它既定的价格体系。这场纠纷引起了连锁反应：国美电器下达了“关于清理格力空调库存的紧急通知”；格力则宣称“如果国美电器不按照格力的游戏规则处事，将把国美电器清除出自己的销售体系”。最终，空调行业排名第一的格力与家电连锁零售业大佬国美电器分道扬镳。[④]

第二，十年后的 2014 年，国美低头，与格力握手言和。国美改变了“顺我者昌，逆我者亡”的强势姿态，通过向供应商上游延伸，与供应商共享终端市场的一手信息和资料，积极参与供应商的原材料采购、产品研发和生产等环节，与供应商开展广泛的深入合作。在这种关系模式下，2014 年，格力、海尔、美

---

① 本田公司（Honda）与其供应商的合作伙伴关系 . https：//wenku. baidu. com/view/d218754c2b160b4e767fcf4c. html.

② 沃尔玛信息管理系统分析 . https：//doc. mbalib. com/view/6d28eaff5ab3c2be32927b7f5337dcf4. html.

③ 边明 . 三洋冷链供应商管理问题案例研究［D］. 大连：大连理工大学，2013.

④ 资料来源：https：//www. sohu. com/a/124135444_439572.

的等供应商与国美制定了百亿元级别的合作计划，国美与供应商实现合作共赢。①

第三，2008 年爆出三鹿奶粉事件，其奶源中被发现化工原料“三聚氰胺”，自此，三鹿奶粉在市场上销声匿迹。2011 年 3 月 15 日，央视披露了双汇公司的肉类产品中添加“瘦肉精”的事实，调查发现双汇的生猪供应商在养殖环节就用添加“瘦肉精”的饲料喂养生猪。受此事件影响，双汇集团营业额损失近 200 亿元。2012 年 4 月 15 日，央视曝光 9 家药厂的 13 个批次药品所用胶囊属于重金属铬超标的“毒胶囊”，调查发现“毒胶囊”来源于药厂的药用胶囊供应商使用了皮革废料加工而成的工业明胶做原材料。受此事件影响，修正药业召回全部“毒胶囊”，经济损失高达 30 亿元。②

第一个案例中，国美电器在没有通知格力的情况下，擅自对价格进行调整。对格力来讲，感受到的是国美极其不公平的待遇，因此，格力对国美的行为表示谴责和不满。而国美则威胁格力，如果不按照它的要求和标准，将不允许格力在其卖场进行销售，这是国美对格力使用的强制权力。在不公平待遇和强制权力的双重夹击下，国美与格力关系破裂。第二个案例中，国美收起了强势的态度，积极与供应商进行信息共享，共同开发产品和定价，对国美来讲，它对供应商使用了非强制权力，以信息体系和价值观影响供应商的行为；而对格力来讲，由于国美愿意协商定价，共同制定策略，格力感知到了国美的公平待遇，因此，双方建立起了深度合作。第三组案例中，原材料供应商不顾整条供应链利益，投机取巧，谋求个体利益最大化，最终为制造商企业带来了巨大的经济损失和毁灭性打击，说明我国制造企业对供应商投机行为的监管力度远远不够。

这三组案例充分说明了公平的待遇与适当的权力使用对供应链合作关系的重要性，以及在供应链中控制供应商投机行为的必要性。然而，进行供应链关系管理和关系治理，必须考虑企业所处的外部宏观环境，因为企业对外部宏观环境的感知会直接或间接影响企业决策及其行为的有效性（Luo，2007a；Peng et al.，2008；Sheng et al.，2011）。因此，进行供应链关系管理，需要综合考虑外部环境因素对关系管理的影响。

---

① 资料来源：https：//bao. hvacr. cn/201403_2044948. html.

② 资料来源：http：//finance. people. com. cn/n/2014/0305/c70846_24538162. html.

综上，本书认为，鉴于公平和权力在实践中对供应链关系的重要作用，很有必要广泛探索它们之间的影响机制以及它们在不同的外部环境下对投机行为的作用。本书将为我国企业合理利用公平和权力维持良好的供应链关系、提高供应链管理水平提供切实可行的实践指导，帮助我国制造业实现从制造大国向制造强国的转变。

1.1.2 理论背景

1. 供应链关系管理中公平的研究

公平是组织行为和战略管理领域的重要概念（Colquitt et al.，2001；Johnson et al.，2002）。前人对公平的研究主要集中于个体与个体层面（Blader and Chen，2011；Skarlicki et al.，2016）或者个体与组织之间（Cropanzano et al.，2007；Lang et al.，2011）。营销管理和战略管理领域的一些学者把公平从个体层面扩展到组织间层面。例如，在营销渠道管理中，古玛等（Kumar et al.，1995）和布朗（Brown et al.，2006）研究了供应商的公平对分销商的关系质量和满意度的影响。在战略管理领域，罗（Luo，2005，2008）研究了组织间联盟中双方感知到的公平对联盟绩效的影响。供应链层面公平的研究还比较少，但其重要性也逐渐引起了供应链学者们的关注。现有的研究发现，在买卖双方关系中，公平可以提高双方的合作意向（Griffith et al.，2006），降低不信任引起的负面效应（Wang et al.，2014），通过影响知识共享、持续承诺和关系投资等行为提高双方的关系绩效（Liu et al.，2012）。这些研究说明，在供应链关系管理中，公平对于关系稳定性的重要性不容忽视。本书将在这些研究的基础上深入探索公平对供应链权力使用的影响。

2. 供应链关系管理中权力的研究

权力在商业行为中普遍存在，它是协调组织间关系的有力工具（Maloni and Benton，2000；Oke et al.，2008）。艾尔兰和韦伯（Ireland and Webb，2007）提出，“从某种角度来讲，权力的概念可以在所有组织理论中找到依据”。就权力的来源来讲，资源依赖理论（resource dependence theory，RDT）认为组织是互相依赖的经济实体，需要依靠交易伙伴获得从其他途径难以获得的外部资源，而那些拥有或控制稀缺资源的组织对于依赖它们的组织天然拥有权力（Pfeffer，

1985；Pfeffer and Salancik，2003）。交易成本理论（transaction cost economics，TCE）认为权力来源于企业按照自己的意愿影响其他成员的行为或决策而帮助自己获得经济利益的能力（Ireland and Webb，2007）。社会交换理论（social exchange theory，SET）对于理解权力的作用提供了很好的理论依据。社会交换理论认为，个体或团体在交易关系中的行为一方面是为了获取奖励，另一方面是为了避免惩罚（Bandura，1986；Emerson，1976）。互惠是社会交换理论的基本逻辑，是指一个成员的行为或态度，会影响另一个成员相应的行为或态度（Griffith et al.，2006）。就权力的使用而言，是指一方使用权力，必会引起另一方在行为或态度方面的反应。

基于以上理论，在渠道管理和供应链管理等领域，学者们研究了权力对信任（Ireland and Webb，2007）、承诺（Zhao et al.，2008）、满意度（Benton and Maloni，2005；Ramaseshan et al.，2006）、绩效（Terpend and Ashenbaum，2012）、知识共享（Chen et al.，2016）和投机行为（Brown et al.，2009；John，1984）等方面的影响。这些研究表明，权力在供应链关系管理中具有举足轻重的作用，一些权力的使用可能会引起合作伙伴积极的回应，而一些权力的使用可能会对合作关系造成严重的负面影响。因此，探讨权力使用的前因变量以及哪些权力会抑制投机、哪些权力会促进投机对于供应链关系管理具有重要意义。

3. 供应链关系管理中关系治理的研究

学者们将控制投机行为称为关系治理，将关系治理不同的手段称为关系治理机制。威廉森（Williamson，1985）认为，投机行为是任何交易关系的基本特点。在交易关系中，当一方以牺牲其他方的利益而谋取个人私利时，投机行为就发生了（Conner and Prahalad，1996；Tangpong et al.，2010）。推卸质量责任、误传或夸大产能是典型的投机行为（Ariño，2001；Carson et al.，2006；Wathne and Heide，2000），它往往会对企业带来严重的负面影响，包括生产断裂、供应链低效乃至直接的经济损失（Morgan et al.，2007）。因此，在企业间关系管理的研究中，控制投机行为是诸多学者研究的重要议题（Liu et al.，2009；Tangpong et al.，2010）。

交易成本理论是企业间关系管理最重要的理论之一，为治理投机行为提供了坚实的理论依据。根据交易成本理论，专项资产和合同是重要的治理手段

(Liu et al., 2009)。但是，学者们批判交易成本理论过于强调经济因素，他们认为所有的企业都嵌入在一定的社会结构中，经济因素的作用是很有限的(Granovetter, 1985; Jones et al., 1997)。因此，一些学者基于社会交换理论提出关系规范和信任可以作为非正式的关系机制治理投机行为，补充正式的治理机制的不足之处（Cao and Lumineau, 2015; Poppo and Zenger, 2002; Zhou and Poppo, 2010)。

虽然合同和信任被认为是有效的控制投机的手段，但是学术界依然没有停止对治理机制的探索。近年的研究主要呈现出两个发展趋势：第一，探索传统治理手段之外的治理机制，例如公平（Luo, 2007c)、依赖（Morgan et al., 2007)、交流（Nunlee, 2005）和社会资本（Hartmann and Herb, 2014）等；第二，探索治理机制的权变作用，例如研究环境不确定性（Carson et al., 2006）或制度因素（Abdi and Aulakh, 2012）对关系机制和合同机制作用的影响。本书将综合这两个研究趋势，探索权力对投机行为的作用，以及它在不同环境因素下的权变作用。

1.2 问题的提出

1.2.1 目前理论研究的不足

尽管在供应链管理领域，公平和权力受到了一定的关注，但是公平和权力有其深厚的社会学和心理学基础，它们的内涵和外延非常广阔，学术界对它们之间的影响机制以及它们在供应链中具体作用的了解依然不够全面。此外，对于外部宏观环境因素如何直接和间接的影响权力的作用和治理机制的有效性依然缺乏实证研究。总体来讲，现有研究依然存在以下几个方面的不足之处：

第一，供应链管理领域对公平的研究较少，公平对供应链合作行为的影响缺乏实证研究。在供应链管理领域，甚至在营销和战略管理领域，这些在组织间层面研究公平的文章中，主要关注公平对合作成员态度和绩效的影响（Brown et al., 2006; Griffith et al., 2006; Poppo and Zhou, 2014)，只有极少数文章研究了公平对供应链知识共享、关系投资和投机行为的影响（Liu et al., 2012; Luo et al., 2015)。然而，组织行为领域的文献指出，公平不仅影响员工的态度，例如信任、承诺和满意度（Li and Cropanzano, 2009；Loi et al. , 2009）等，也会影响员工的行为，例如组织公民行为（Tepper and Taylor, 2003）、反社会工作行为（Thau et al. , 2007）和反生产力工作行为（Colquitt et al. , 2013）等。基于这些理论，本书有理由推测在供应链背景下，当一方感知到另一方的公平待遇时，可能会做出有利于供应链整体利益的行为；而当感知到另一方的不公平待遇时，企业很可能做出破坏供应链关系的行为。由于合作行为比合作态度对供应链整体关系的影响更直接，也更大，因此，很有必要探索公平如何影响供应链合作中的行为，为我国制造企业使用公平影响供应链合作关系提供实践指导。

第二，在供应链管理领域，对权力的前因变量的研究较少，关于哪些因素影响权力的使用尚不清楚。社会学领域的文献指出，一个完整的权力分析必须包含三个层面（Molm, 1990）：结构潜力、行为过程及影响的结果。结构潜力是指企业拥有的权力由其所处的网络结构中的位置和所拥有的资源禀赋决定（Emerson, 1962）。行为过程是指企业选择是否使用以及使用哪种权力是一种战略选择（Molm, 1990）。影响的结果是指权力的接收方会对接收到的权力作出相应的反应（Molm, 1990）。希普利和伊根（Shipley and Egan, 1992）认为，几乎每家企业都在某种程度上掌握着交易伙伴需要的稀缺资源，因此，企业相对于交易伙伴都拥有一定程度的权力。虽然企业都拥有一定的权力，但是莫尔姆（Molm, 1990）特意指出，企业是否使用权力以及使用哪种权力是一种战略选择。也就是说，企业权力的使用受多方因素的影响，而不仅仅是内部驱动。但是，学术界只有很少一部分学者关注了权力前因变量，大部分研究集中在权力的结果变量上。本书认为，对于供应链上的企业来讲，其供应链合作伙伴不同权力的使用会带来不同的影响，对方强制权力的使用可能给企业带来直接经济损失，并最终导致合作关系进入恶性循环；而对方非强制权力的使用可能会让企业得到更多建议和知识，提高企业自身绩效，也让合作关系实现双赢。因此，企业了解强制权力的抑制因素以及非强制权力的促进因素，对企业自身和整条供应链都具有重要意义。目前的研究中识别出来的前因变量都是与权力自身非常相关的变量，例如权力不对称性、资源、依赖、关系等（Handley and Benton, 2012b；Shou et al. , 2013；Zhuang et al. , 2010），没有学者考虑公平会对权力使用产生哪些影响。

第三，供应链管理领域的现有文献中，对权力的研究缺乏宏观的权变视角。

权力是供应链关系管理中的核心概念，近年来一些学者开始使用权变的视角研究权力的作用。例如简等（Jain et al.，2014）发现，情感型承诺会降低强制权力对信任的负面作用；算计型承诺会降低非强制权力对信任的积极作用。陈等（Chen et al.，2016）发现，当供应商对买方的依赖水平较低时，制造商的专家权力对供应商知识共享的积极作用加强，而强制权力对供应商知识共享的消极作用减弱。这些研究表明，权力在不同的情境变量下会表现出不同的作用。然而，现有文献对权变因素的考虑主要集中在组织间层面，例如依赖、承诺、关系规范、供应商数量等（Brown et al.，2009；Chen et al.，2016；Terpend and Ashenbaum，2012），几乎没有研究考虑企业所处的外在宏观环境对权力作用的影响。桑顿和奥卡西科（Thornton and Ocasio，1999）认为，"权力的来源、意义以及它的作用都受到更高阶的制度逻辑的影响"。因此，本书认为，外部的宏观环境因素会对权力的作用产生影响。研究权力的权变作用有利于企业在不同的情境中做出最适宜的关于权力使用的决策。例如，在一些情境下，某种权力的使用可能起到四两拨千斤的效果，对合作关系带来更好的影响；而在另一些情境下，某些权力的使用可能起到雪上加霜的效果，对合作关系带来更恶劣的影响。因此，研究外部的不同环境因素对权力作用的影响，有利于企业合理利用外部环境，最大限度地发挥权力的优势，同时规避权力的劣势。

第四，供应链管理领域的现有文献中，对公平和权力的研究缺乏结构化的视角，因此，对于我国制造企业供应链公平和权力存在的模式尚不清楚。前人在供应链领域对公平和权力的研究多采用维度分析的方法，例如，卡纳克等（Kaynak et al.，2015）发现，公平的两个维度程序公平和分配公平都能够积极影响供应链关系的连续性；汉德利和本顿（Handley and Benton，2012a）发现，权力的不同维度对投机有不同的影响。这种维度化视角对于理解和对比单个变量的具体作用非常有利（Tsui et al.，2006）。但是，结构化的方法更有利于供应链经理根据公平和权力不同维度的存在模式和使用现状制定决策（Bozarth and McDermott，1998）。结构化理论（configuration theory）将组织描述为相互之间有关联的一组活动。结构化视角关注的不是变量之间的配对关系（这是维度化视角的关注点），而是关注多个因素之间呈现出来的结构（configuration）或格式（gestalt）以及它们作为一个整体的作用（Drazin and Van de Ven，1985）。这种结构化的方法对于研究多个变量的联合作用很有效，很适合处理复杂的关系（Flynn et al.，2010）。从这个角度来讲，结构化的方法对于理解公平和权力的不同维度在供应链上的作用提供了更全面的视角（Meyer et al.，1993）。因此，很有必要使用结构化的方法探讨公平和权力在供应链中存在模式的问题。

第五，在供应链关系治理的文献中，环境因素对投机行为的直接作用以及不同环境因素对关系机制的调节作用还需要更多实证依据。虽然交易成本理论提出环境不确定性会提高交易伙伴的投机行为（Williamson，1985），但是，在学术界只有很少量的学者对这一理论假设进行了实证检验。其中，Skarmeas et al.（2002）和 Luo（2007a）都发现环境的不稳定性会提高投机行为。但是，以往对环境因素的考虑并不全面，缺少法律环境的视角。同时，也不清楚法律环境不确定性和市场环境不确定性是否会对投机行为产生不同的作用。此外，学者们开始关注治理机制的权变作用，虽然有一些学者讨论了法律环境对治理机制有效性的影响（Zhou and Poppo，2010；Zhou and Xu，2012），还有一些学者讨论了市场环境对治理机制的影响（Carson et al.，2006），但是没有学者同时对比研究法律环境和市场环境对治理机制的有效性是否会产生不同的作用。学者们认为，非正式的社会机制的有效性更受限于它们使用的情境（Jap and Anderson，2003；Liu et al.，2009；Rindfleisch et al.，2010），不同的情境会对关系机制产生不同的影响。因此，本书认为很有必要同时对比研究法律环境和市场环境如何影响关系机制的有效性。

1.2.2　拟解决的关键问题

第一，从公平的角度研究权力的前因变量。本书将探讨在供应商与制造商的关系中，制造商感知到的供应商的公平（简称供应商公平）如何影响制造商使用权力。在关系管理中，公平和权力是两个密切相关的概念，正如爱默生（Emerson，1926）所言，“在社会交换理论中，公平和权力是最核心的两个研究主题”。本书认为，感知到的公平会影响权力的使用。具体而言，通常对于使用权力的一方而言，使用权力的目的无非是为了从交易关系中获取更多利润、在一定程度上控制对方做事情的方式或者改变对方对待自己的方式。简而言之，使用权力大多是为了控制结果、过程和被对待方式，这与公平的三个维度所包含的核心内容产生了一些重叠（Colquitt et al.，2001）：分配公平（distributive justice）关注结果的公平；程序公平（procedural justice）关注过程的公平；互动公平（interactional justice）关注互动过程中被对待的态度是否公平。从这个角度而言，感知到公平可能已经部分满足了使用权力想要达到的目的。也就是说，当企业感知到在某个方面获得公平待遇时，它们就不需要在那个方面使用更多权力了，因此公平会影响权力的使用。本书探讨公平对权力的作用，对于理解公平和权力的概念都具有重要意义。一方面，从公平的角度来讲，本书将发现公平不仅影响供应链合作的态度因素，例如信任等，也会影响供应链合作的行为因素，例如权力的使用，丰富了供应链背景下公平的结果变量的研究。另一方面，从权力的角度来讲，权力分为强制权力（coercive power）和非强制权力（non-coercive power），本书将发现不同维度的公平会对不同维度的权力产生不同的作用，对于理解两种权力不同的前因变量具有重要意义。

第二，探讨非强制权力是否可以作为关系机制治理投机行为；探讨强制权力作为行为不确定性，法律环境不确定性和市场环境不确定性两种环境因素作为环境不确定性对投机行为不同的促进作用。虽然强制权力和非强制权力是权力的两个方面，但是它们具有不同的属性。非强制权力可能作为一种关系机制治理投机，而强制权力可能是投机行为的促进因素。虽然权力不是主流的治理手段，有少量研究探讨了非强制权力对投机行为的抑制作用。例如，约翰（John，1984）以及汉德利和本顿（2012a）发现专家权力、法定权力和参考权力能够有效降低投机行为。但是布朗等（2009）发现，非强制权力与投机行为之间没有显著关系。因此，非强制权力是否可以作为关系机制治理投机行为还需要更多实证证据。本书将对这一关系进行验证。此外，在交易成本理论视角下，强制权力的使用可以看成一种行为不确定性（Wang et al.，2013），法律环境不确定性和市场环境不确定性可以看作环境不确定性。在全球经济市场中，对于大多数行业而言，环境不确定性都是一个显著的因素。本书将验证行为不确定性和两种环境不确定性对投机行为的影响，识别出投机行为不同的促进变量，有助于企业更有针对性地寻找合适的治理手段。

第三，探讨法律环境不确定性和市场环境不确定性两种情境因素对权力与投机之间关系的调节作用。具体而言，本书将探讨非强制权力作为一种治理机制，它对投机行为的抑制作用在法律环境不确定性和市场环境不确定性两种环境因素下是否不同；强制权力作为行为不确定性，它对投机行为的促进作用在两种环境不确定性下是否不同。学者们认为，市场环境不确定性是影响企业实践有效性的重要情境变量（Wong et al.，2011），法律制度对理解企业的商业行为和结果也有重要影响。本书同时研究法律环境不确定性和市场环境不确定性对两种权力与投机行为之间关系的影响，对丰富和发展权力和关系治理的文献都具有重要意义。一方面，研究法律和市场环境不确定性对权力的调节作用，为权力的研究提供了新的权变视角，即企业所嵌入的外部宏观的法律和市场环境会影响权力的作用，企业需要结合外部的宏观环境适当地使用权力，最大限度地发挥出权力的优势；另一方面，研究非强制权力在法律和市场环境下对投机的治理作用，为关系治理的权变作用提供了新的视角，即关系治理的有效性取决于企业所处的宏观环境，因此，现实中企业需要结合外部环境因素选择最有效的治理机制。

第四，采用结构化的方法探索我国制造企业在供应链关系管理中公平和权力的存在模式问题。具体而言，本书将使用聚类分析的方法分别对制造商感知到的供应商公平的三个维度和制造商使用权力的两个维度进行分类，以揭示我国制造企业在供应链关系管理中公平和权力使用的现状，并进一步对维度分析方法所得结果进行验证。通过结构化的分类方法，本书将发现供应商公平存在的模式；通过方差分析，本书将进一步揭示哪种公平模式下，制造商会做出更有利于供应链合作关系的行为。举例来讲，公平三个维度可能存在三种公平都高的模式，也可能存在分配公平高，程序公平和互动公平都低的模式。通过对公平模式的探索及其不同模式作用的研究，也许可以得出结论：供应商不需要做到三种公平都很高，就可以维持高水平的供应链关系。类似地，本书将通过结构化的方法揭示供应链权力使用存在的模式，以及哪种模式将最有利于控制投机行为。由此可见，用结构化的方法研究供应链上公平和权力不同维度的存在模式，有利于更有针对性地为我国制造企业提供供应链关系管理的理论依据和实践指导。

1.3 关键概念界定

本书的研究对象为供应链上制造商与供应商之间的关系，因此，本章节将在文献阅读的基础上，结合供应链背景对研究涉及的关键变量进行定义。为后文的探索式案例分析、实证分析奠定清晰的概念基础。

1. 公平

前人对公平的研究大多聚焦在个人层面。罗（2007b）是较早将公平从个体层面引入组织间层面的学者之一。罗（2007b）研究了战略联盟中联盟双方感知到的三种公平对联盟绩效的影响。本书将采用罗（2007b）对公平的定义和维度，并将它们在供应链层面进行扩展和应用。具体而言，罗（2007b）对分配公平的定义是：对于组织间合作产生的收益的分配相对于各方的贡献、承诺和承担的责任而言是公平的。罗（2007b）将程序公平定义为，联盟中跨边界者感知到的影响各方利益的战略决策制定的过程和程序是无偏的和公平的。罗（2007b）将互动公平定义为，联盟的跨边界者感知到的人际待遇和信息交换的公平程度。因此，在供应链领域，本书将分配公平定义为相对于供应链成员在供应链合作中投入的资源、承诺和承担的责任而言，从供应链合作中获得的收益是公平的。程序公平是指在供应链合作中，供应链成员感知到的制定供应链决策的过程、决定供应链利益分配的规则是公平无偏的。互动公平是指供应链成员在供应链合作中受到的人际待遇是公平的，主要表现在被礼貌、诚实和体面地对待以及对于决策制定和政策发生改变享有知情权的程度。

2. 权力

权力与公平类似，都起源于社会学和心理学中对个体的研究，但是与公平不同的是，权力在组织间关系管理中普遍存在，也受到较多学者的关注。在组织间关系管理的文献中，普遍接受的权力的定义为：一方能够让另一方做出他们一般不愿意做的行为的能力（Hunt and Nevin，1974）。虽然学术界对权力的定义达成了较为一致的认知，但是关于权力的维度划分，不同的学者持不同的观点。本书采用在供应链管理领域使用较多的二维划分法，将权力划分为强制权力和非强制权力（Hunt and Nevin，1974；Ireland and Webb，2007；Yeung et al.，2009）。具体而言，在供应链领域，非强制权力是指供应链成员使用专家知识、规范或者价值观的方式影响其合作伙伴（Ireland and Webb，2007）。强制权力是指供应链成员使用惩罚或者威胁的方式影响供应链合作伙伴，以避免负面结果或者获取更多利益（Molm，1997）。

3. 投机行为

投机行为是交易成本理论的核心假设（Grover and Malhotra，2003；Rindfleisch et al.，2010）。威廉森（1975）认为投机行为是指，“在交易过程中缺乏坦诚和诚信，包括以欺诈行为谋取私利”。虽然在交易过程中艰难不让步的谈判和激烈的反对也能为企业谋取更多利益，但是这些行为都不是投机行为。威廉森认为投机中必然存在“战略性地篡改信息和歪曲意图”这些行为。因此，常见的投机行为的例子包括走捷径、不遵守承诺、掩盖不完善的工作以及靠撒谎获得更多利益。在个体层面，投机行为也会发生。然而，与个体层面强大的社会规范力量不同，在组织间层面，社会规范难以形成，监管也不够频繁。因此，投机在企业间交易中不可避免。在供应链合作中，投机行为的例子包括为了吸引制造商的订单夸大产能和交付能力、对供应链成员做出虚假承诺、向供应链伙伴隐瞒重要信息、为了达到目的篡改事实等行为。这些行为都会影响供应链成员之间的关系，以及整条供应链的效率和成功，因此需要探索有力的手段控制投机行为。

4. 环境因素

本书同时考虑法律环境和市场环境两种环境因素，即法律环境不确定性和市场环境不确定性，这两个方面构成了企业所处的宏观环境的不确定性。

法律的不确定性是指企业认为现行法律体制难以高效解决合作中的问题。市场环境的不确定性主要指企业所在的市场环境的不稳定性和多变性（Li et al.，2008）。这种不确定一方面表现为环境不稳定性，即市场环境频繁发生变化，导致企业无法预测未来的市场状况；另一方面表现为环境模糊性，即企业缺少足够的信息判断不确定性会对企业带来哪些影响（Carson et al.，2006）。

1.4 研究方法、技术路线和结构安排

1.4.1 研究方法

本书将主要采用实证研究的方法，基于公平理论、社会交换理论和交易成本理论等理论和组织间关系研究等相关文献提出核心概念和模型，并采用理论

研究与实证分析相结合、定性研究与定量研究相结合、维度化方法与结构化方法相结合等方法对供应链上公平、权力、环境不确定性和投机行为之间的关系做出研究，从而保证研究既有坚实的理论基础，又有广泛的实践意义。具体而言，本书所采用的主要研究方法如下：

1. 文献研究法

查阅国内外最新的供应链关系管理的研究进展和研究成果，对比国内外供应链关系管理研究的异同，结合我国企业的具体实践，确定符合我国国情的研究问题；系统全面地收集、梳理供应链公平、权力、法律和市场环境不确定性、投机行为的相关文献，确定它们在我国供应链管理背景下的研究意义。

2. 探索性案例研究

通过对我国制造企业典型供应链关系管理的探索性案例研究，了解企业在供应链关系管理中公平、权力的实际状态以及它们在实际中存在的维度，提出供应链公平、权力和投机之间关系的基本文命题。

3. 统计分析法

在文献阅读和案例分析的基础上，科学地设计调查问卷，获取企业供应链实践中有关公平感知、权力使用、环境不确定性和投机行为的真实数据，并采用严格的统计分析方法对概念模型进行检验。具体而言，本书基于 SPSS 和 LISREL 等统计分析软件，首先对问卷的信度和效度进行检验，然后使用结构方程模型、回归分析、聚类分析等统计分析方法，验证公平和权力在供应链上的作用。

1.4.2 技术路线

本书采用的技术路线如下：在观察现象和文献梳理的基础上，确定研究问题，找出相关的核心变量及潜在的相关关系，在探索性案例研究的基础上提出基本的研究命题。根据文献阅读和案例分析，确定基本的概念模型，并根据概念模型设计调查问卷。在预测试之后大规模地收集问卷。问卷收集完毕后，采用严格的方法论对数据进行检验和分析，最终建立供应链上公平、权力、环境因素、投机之间关系的理论框架，为我国制造企业供应链实践提供指导。本书的技术路线具体分为以下步骤：

（1）通过在新闻报道中对我国供应链管理实践现象的观察，明确我国供应链关系管理遇到的问题。通过对供应链关系管理领域文献的广泛收集、大量阅读和分析，对公平、权力、环境因素和投机的概念和维度进行界定，明晰文献研究的空白及欠缺，并通过对公平理论、社会交换理论和交易成本理论等研究和分析，确定供应链上公平、权力、环境因素和投机之间可能存在的理论关系，为本书奠定坚实的理论基础。

（2）由于在我国供应链管理背景下，对公平和权力的研究较少，尚不清楚公平和权力在企业供应链实践中使用的维度及其作用。需要采用探索性案例研究的方法，通过对两家制造企业的案例内分析和跨案例对比分析，提出供应链公平、权力和投机之间关系的基本命题。

（3）根据探索性案例分析所得的基本命题、理论基础的推导和文献的广泛阅读，提出供应链公平、权力、投机和法律及市场环境不确定性之间关系的概念模型和研究假设。

（4）根据探索性案例分析、文献阅读、理论推导，明确供应链公平、权力、环境因素和投机的概念和维度，并设计调查问卷。为了获得可靠的样本，在大规模收集数据之前，先选择大约20个样本进行预测试。根据预测试中与专家的访谈，对问卷进行修改完善。在数据收集之后，通过使用探索性因子分析和验证性因子分析对问卷的效度进行检验，通过使用Cronbach's Alpha对问卷的信度进行检验，保证问卷质量的可靠性。

（5）在对问卷进行过基本的检验和分析之后，使用严格的多元统计分析方法对概念模型进行验证。具体而言，使用结构方程模型检验公平的三个维度对权力的两个维度的影响，以及两种权力和两种环境不确定性对投机行为的影响；分别使用层次回归的方法检验权力的使用在法律环境不确定性和市场环境不确定性下对投机行为的影响；使用聚类分析的方法对公平和权力进行分类，揭示公平和权力存在的模式，使用方差分析的方法研究不同模式对关系管理的作用。

（6）根据本书所得结果讨论研究的理论和实践意义。将本书的研究结论与我国供应链关系管理的具体背景相结合，帮助企业深入理解供应链公平和权力在供应链中的作用，提出适合我国制造企业供应链关系管理的实践指导。

1.4.3 结构安排

根据本书的研究问题和技术路线，全书可分为七个章节，每个章节的具体内容如下：

第1章，绪论。首先，根据观察到的供应链管理现状，提出我国供应链关系管理中急需解决的问题，并根据理论背景，发现和挖掘现有研究存在的不足，结合现实和理论背景，确定本书需要解决的关键研究问题。其次，根据文献基础和本书的供应链背景，对研究涉及的关键概念进行界定。最后，给出本书所采用的研究方法、技术路线、结构安排和创新点等内容。

第2章，文献综述。本章分别对公平、权力、投机行为的概念发展、维度划分以及在不同领域的研究现状进行梳理和总结，明确理论研究中存在的问题和不足，明确本书中对公平、权力和投机的概念界定和维度划分，并为公平、权力和投机之间的基本关系寻找理论依据，为后面概念模型的建立提供理论基础。

第3章，供应链公平、权力与投机的探索性案例研究。通过文献阅读和理论分析，对公平与权力以及投机之间的关系进行理论预设，然后有针对性地选择两家典型的制造企业进行探索性案例分析，通过案例内分析和跨案例对比分析，形成供应链上公平、权力和投机行为的基本命题。

第4章，概念模型与假设。在探索性案例研究和文献阅读、理论分析的基础上，推导出供应链上公平、权力、投机和法律和市场环境不确定性之间的相互影响关系，建立概念模型和分析框架，并提出相关有待检验的研究假设。

第5章，研究设计与样本分析。首先，详细描述了问卷设计和变量选择的过程。其次，对问卷发放和样本收集的过程予以论述。最后，通过使用探索性和验证性因子分析、Cronbach's Alpha等方法对数据的信度和效度进行检验，并给出数据的相关系数表格，确保数据质量可以进行后续的统计分析。

第6章，模型检验与结果讨论。本章首先使用结构方程模型对公平的三个维度与权力的两个维度之间的关系，以及两种权力和两种环境因素与投机行为之间的关系进行检验；其次，使用层次回归模型分别对权力在法律环境不确定性和市场环境不确定性下对投机的作用进行检验；最后，使用聚类分析探索供应链公平和权力的存在模式，使用方差分析检验不同模式的作用。模型检验之后，对所有结果进行总结和理论与实践意义的讨论。

第7章，研究结论与展望。本章首先对研究的所有结论进行总结，然后揭示本书对供应链管理文献和理论的贡献。然后，本书讨论了研究发现对我国制造企业进行供应链关系管理的指导意义。最后，讨论了本书的不足之处和未来研究展望。

1.5 主要创新点

本书在我国制造企业供应链背景下，使用定量研究与定性研究相结合、维度化方法与结构化方法相结合的研究范式探讨了供应链上公平与权力之间的关系，权力、法律环境不确定性和市场环境不确定性对投机行为的直接作用，以及权力在两种环境下对投机行为的权变作用。本书弥补了现有文献中对公平和权力研究的不足，发展了符合我国国情的供应链关系管理理论，为我国制造企业提高供应链管理水平提供了切实可行的实践指导。具体而言，本书可能存在的创新点主要体现在以下几个方面。

1. 研究情景创新

首先，本书将在组织行为、战略和营销管理领域研究较多的公平的概念引入供应链管理领域。在我国制造企业供应链管理的背景下探讨了公平的概念、维度、存在模式及其与权力之间的关系，对于发展符合我国国情的公平理论具有重要意义。由于我国经济发展长期落后，在相当长的时间内，国家经济发展战略强调“效率优先，兼顾公平”的原则。虽然党的十六届五中全会强调“更加注重社会公平”，然而，效率优先于公平的概念深入人心，在供应链合作中，企业很有可能牺牲公平换取更多短期的经济利益。本书将公平理论与我国供应链管理实践相结合，研究了公平对供应链成员权力使用的影响，并进一步揭示了我国供应链关系管理中公平的不同维度存在的模式及其对应的供应链合作关系的模式，对于理解和发展符合我国制造业供应链现实情境的公平理论具有重要作用。

其次，本书将传统的供应链权力研究与我国的制度和市场环境相结合，有利于发展符合我国国情的权力理论。本书采取宏观的视角，认为企业的供应链关系管理嵌入宏观的制度环境和市场环境中，研究权力的作用如何受我国的法律环境和市场环境的影响，有助于发展符合我国制造企业现实情境的权力理论，指导我国企业更加有的放矢地使用权力进行供应链关系管理。

2. 研究内容创新

首先，本书从公平的视角研究了权力的前因变量，丰富和发展了供应链领域公平与权力的文献。通过在供应链背景下研究公平对权力的影响，本书提出，公平可以通过影响供应链成员在供应链合作中的行为对供应链合作产生更加直接的影响，对公平在供应链上的结果变量发展了新的视角。从权力的角度来讲，虽然在供应链管理领域对权力的研究很多，但大部分研究都关注了权力的结果变量，鲜有研究关注权力的前因变量。但是，不同的权力会对合作关系带来截然不同的结果，非强制权力可能让合作关系实现双赢，强制权力可能让合作关系两败俱伤。研究促进非强制权力的因素以及抑制强制权力的因素对于企业的供应链关系管理非常重要。通过研究公平对权力的影响，本书提出，公平可以作为重要的手段影响合作伙伴权力的使用，对权力的研究发展出了新的前因视角。

其次，本书探讨了两种权力和两种环境不确定性对投机行为的直接作用，以及权力在两种情境因素下对投机行为的权变作用，丰富了供应链关系治理的文献，同时为权力的研究发展出了新的权变视角。本书指出，虽然非强制权力和强制权力是权力的两个方面，但是它们对投机行为会产生截然不同的作用：非强制权力可以作为关系机制治理投机，而强制权力属于促进投机的因素。因此，本书为理解两种权力不同的属性提供了新的证据。本书还探讨了法律环境不确定性和市场环境不确定性对投机行为的直接影响，弥补了以往研究中对法律因素的忽略。同时对比了两种环境因素不同的作用，有助于理解两种环境因素对企业商业行为不同的影响机制。此外，本书分别探讨了权力在法律环境不确定性和市场环境不确定性下对投机的权变作用，并指出法律环境和市场环境对于权力作用的调节机制可能不同。因此，本书对供应链上权力的研究发展出了新的权变视角，即指出权力的作用不仅仅受到供应链成员之间具体的资源禀赋、供应链位置结构等微观的供应链层面的影响，还会受到宏观的国家层面的制度因素和市场因素的影响。另外，本书将非强制权力作为一种关系治理机制，检验了法律环境不确定性和市场环境不确定性对关系机制的权变作用，指出关系机制的有效性受限于企业所处的外部宏观环境，从而丰富了关系治理的文献。

最后，本书创造性地使用结构化的方法探讨了在我国制造企业供应链背景下公平与权力的存在模式问题，对于理解公平和权力在供应链上的作用提供了新的思路。以往对公平和权力的研究多采用维度分析的方法，即研究公平和权力不同维度的作用，这种方法缺少一个全局观。而本书使用的结构化的方法可以揭示出公平的三个维度以及权力的两个维度存在的模式，以及每种模式对供应链关系的不同作用。因此，这种结构化的研究方法可以揭示出供应链合作关系最佳的公平模式和权力模式，对于理解公平和权力在供应链上的作用提供了新的思路，并为我国制造企业如何最有效地使用公平和权力影响供应链成员提供了有力的指导。

第 2 章　文献综述

本章将根据研究所涉及的核心概念、研究背景和研究问题对相关领域的文献进行系统化的回顾和梳理，以强调本书所关注的研究问题的重要性，为概念模型的提出奠定坚实的理论基础。具体而言，首先，详细梳理公平和权力的概念来源以及维度发展脉络。其次，梳理公平和权力对于企业的影响。由于公平的概念起源于组织内研究层面，因此，本书对公平作用的梳理首先聚焦于组织内层面，然后扩展到组织间层面。而对于权力的研究，在组织间层面一直得到广泛的关注。因此，本章对权力作用的梳理集中在组织间层面，回顾了组织间层面权力的结果变量和前因变量。最后，本章从不同理论视角出发对组织间关系治理的研究进行了综述，并综述了关系治理新的发展趋势。在文献综述的基础上，本书提出了现有文献对于在供应链上使用公平和权力进行关系管理的启发。

2.1　公平的文献综述

2.1.1　公平的概念和维度

1. 公平维度发展的简述

罗尔斯（Rawls，1971）认为，社会体制的第一美德就是公平。不管法律系统或者社会体制多有效率，如果不公平，就应该被修正或者被推翻。在日常生活中人们会对很多事情做出公平或者不公平的评价，不仅仅包括法律体系、社会系统，也包括特定的决策、判断和对事情的处理方式，甚至，人们也会说一些人是公平还是不公平的。因此，公平在社会学科是一个很重要的研究议题。理论学家在对公平的研究中也逐步推进了公平概念和理论的发展。亚当斯（Adams，1965）被公认是较早使用理论视角对公平进行研究的学者，他提出的公正理论奠定了分配公平的理论基础。随后，学者们在分配公平的基础上，发展出程序公平、互动公平，将公平理论的研究范式从单一因素模型，发展到双因素模型、再到三因素和四因素模型。因此，早期对公平的研究主要关注分配公平，随着程序公平和互动公平的提出，学术界对公平的主流研究呈现出双因素模型（同时研究分配和程序公平）和三因素模型（同时研究分配、程序和互动公平）的视角。后文将对公平的每个维度的定义、发展和理论做出详细的介绍。

2. 单一因素模型：分配公平

亚当斯（1965）认为，相对于结果的绝对值大小，人们更关注于结果是否公平。亚当斯提出，其中一种判断公平与否的方式是将个人的投入（如教育、才智和经历）与产出（如薪水、奖励、惩罚、资源等）比率与别人的投入产出比率进行对比，投入多的一方，获得的回报也多，结果的公平就存在了。当比率不均衡时，比率高的一方被不公平的过度奖赏，应该感觉内疚，而比率低的一方被不公平的低度奖赏，应该感觉愤怒。人们会根据比率的公平与否调整自己的投入和付出，从而达到一个比率相对公平的状态。这个投入—产出比率的比较构成了亚当斯公正理论的核心，即该理论提倡使用公正的原则判断结果是否公平。虽然比率本身是客观的，但是个体对比率高低的感知是很主观的。因此，社会学研究中，公平是一个相对主观的概念（Luo，2007b）。

虽然公正理论在提出初期受到了广泛的关注，被认为是理解分配公平的核心理论。其后也有学者指出，公正理论只是判断分配结果公平与否的原则之一，其他因素也可能影响对分配结果公平的判断。比如，多伊奇（Deutsch，1975）指出，判断结果公平的原则不只有贡献原则，还有平均原则和按需原则（need rule）。具体而言，平均原则是指无论贡献和需求高低，每个人分到的成果都是均等的。按需原则是指需求较高的人分得的成果较多。随后，勒旺塔尔（Leventhal，1976）在他提出的公平判断模型中指出，个体对于结果公平的判断应该基于一定的分配原则。当个体所获得的奖励、惩罚和资源分配与个体所信奉的分配原则相一致时，个体才会觉得结果是公平的。这是大部分学者对分配公平的定义。具体到不同研究领域和情境下，分配公平的定义略有差异（Liu et al.，2012）。

具体而言，在组织行为领域的个体层面上，科尔奎特（Colquitt，2001）将分配公平定义为与潜在的分配准则相比员工所获得的收益的公平程度。在营销渠道管理领域，古玛等（1995）将分配公平定义为分销商感知到的从与供应商合作中所获得的收益和其他结果的公平程度特指分销商实际获得的收益与他认为应该获得的收益进行比较而言所感知到的公平。在战略管理领域，罗（2007b）将分配公平定义为对于组织间合作产生的收益的分配相对于各方的贡献、承诺和承担的责任而言是公平的。在供应链管理领域，刘等（Liu et al.，2012）将分配公平定义为供应链上的企业从供应链合作中获得的收益的公平程度。本书综合前人文献，将分配公平定义为，相对于供应链成员在供应链合作中投入的资源、承诺和承担的责任而言，从供应链合作中获得的收益是公平的。

3. 双因素模型：程序公平的引入

一些研究公平的学者认为，人们不仅关心结果的公平，还关心结果背后的决策过程是否公平。因此，蒂鲍特和沃克（Thibaut and Walker，1975）引入了程序公平的概念。他们观察到在法庭上第三方纠纷处理的过程中，例如调解和仲裁，都包含一个流程阶段和一个决策阶段。纠纷者在流程阶段陈述他们的案例过程中所拥有的控制权被称为流程控制，在决策阶段对最终结果的控制权被称为决策控制。他们研究发现，纠纷者愿意放弃在决策阶段对结果的控制权，只要他们能够在流程阶段保有控制权。换言之，纠纷者认为他们如果能够控制他们辩论展示的方式以及拥有足够的时间进行展示，即当他们觉得对流程拥有控制权时，会觉得整个过程是公平的。这种对流程控制的效应也被称为“公平流程效应”（fair process effect）或“谏言效应”（voice effect）（Lind and Tyler，1988）。虽然蒂鲍特和沃克（1975）是在处理纠纷的法律背景下提出了程序公平的概念，随后一系列研究对这一现象进行了检验。例如，泰勒和福尔杰（Tyler and Folger，1980）提出，在公民与警察的交互过程中，公民被允许发言时，比他们被要求沉默时对程序的公平感知更高。

蒂鲍特和沃克（1975）在法律背景下基于控制视角提出的程序公平的概念对公平理论发展的贡献很大，而勒旺塔尔等则在组织背景下对程序公平的发展做出了重要贡献（Leventhal，1980；Leventhal et al.，1980）。与蒂鲍特和沃克（1975）的控制视角不同，勒旺塔尔等则基于公平判断模型，提出判断分配公平时需要遵循一定的分配原则，与此类似，判断程序是否公平也需要遵循一定的程序原则。勒旺塔尔提出了6个程序公平原则，规定了感知到程序公平应该满足的标准：（1）一致性原则是指所有的程序规则对于不同的人以及在不同的时间段应该是一致的；（2）避免偏见原则是指在制定和执行程序的所有节点上应该避免个人的私利和偏见；（3）准确性原则是指决策的所有过程应该基于充分的信息和广泛的意见之上；（4）可修正性原则是指在决策制定的过程中的各个节点上应该有机会对制定的决策进行修正；（5）代表性原则是指程序制定的过程应该考虑所有利益相关者的基本顾虑、价值等；（6）道德原则是指决策制定的过程必须与个人的基本道德和价值体系相融合。

研究程序公平的学者大多综合蒂鲍特和沃克（1975）以及勒旺塔尔（1980）两个观点对程序公平进行定义。具体而言，在组织行为领域的个体层面上，科尔奎特（2001）认为，在决策过程中发言或对结果具有影响力或者决策流程满足诸如一致性、无偏性、可修正性、代表性、准确性和道德性这些标准时，程序公平就实现了。在营销渠道管理领域，古玛等（1995）认为程序公平是指分销商感知到的与供应商的合作关系中程序和过程的公平程度。他们特别指出，在供应商和分销商情境下，实现程序公平应该满足的条件为：（1）双向沟通，即供应商愿意与分销商进行双向的沟通；（2）无偏性，即供应商对所有的分销商政策一致；（3）可反驳性，即分销商可以质疑供应商的政策；（4）解释，即供应商向分销商解释政策如何制定及其合理性；（5）知情权，即供应商熟知分销商的运营环境；（6）礼貌，即供应商尊敬并礼貌对待分销商。在战略管理领域，罗（2007b）将程序公平定义为联盟中跨边界者感知到的影响各方利益的战略决策制定的过程和程序是无偏的和公平的。他指出，公平的标准包括决策程序和标准是透明的、可调整的、正确的、无偏的、有代表性的、不偏向某一方的、与合同细则相一致的。高透明度是指在制定和实施相关程序的沟通渠道是定义良好的；相关程序和共同决策是在考虑了双方的观点后制定的；就准备、修改和采取相关程序，双方的期待是明确的；无偏性是指在准备或实施相关程序时不会对某一方有歧视；在准备和实施相关程序时，各方的参与权力与联盟契约和资源承诺相匹配；所有相关程序的设计都是为了联盟整体的利益，而不是为了某一方的利益。在供应链管理领域，刘等（2012）将程序公平定义为，企业感知到供应链合作伙伴的程序和过程的公平程度。本书综合前人文献，将程序公平定义为在供应链合作中，供应链成员感知到的制定供应链决策的过程、决定供应链利益分配的规则是公平无偏的。

4. 三因素和四因素模型：互动公平的引入

虽然目前学术界对公平的主流研究依然会采用双因素模型的视角，即研究分配公平与程序公平对组织的作用，但是，也有一部分学者认为，分配和程序公平不足以刻画公平的全貌。比斯和莫格（Bies and Moag，1986）引入了互动公平的概念，他们认为人们在制定程序的过程中所受到的人际间待遇的质量也同样重要。他们基于一个在招募过程中对人际间待遇期待的研究提出了四个互动公平的标准：说明（justification），即对制定决策的依据进行解释；正直（truthfulness），即决策者公正不偏私；尊重（respect），即决策者有礼貌而不粗鲁；得体（propriety），即避免不适宜的言论和偏见的陈述。在随后的研究中，格林伯格（Greenberg，1990）指出，这四个标准可以归纳为两个维度：对结果充分的解释以及受到决策者在决策过程中得体的待遇。虽然这两篇研究已经认识到互动公平的重要性，并指出了互动公平包含的内容，但是他们的研究依然认为互动公平从属于程序公平，比如，格林伯格（1990）在研究中特别指出，互动公平是程序公平在人际交往方面的体现，也就是说，人们在交互过程中所受到的人际间待遇直接影响对程序公平的感知和判断。

格林伯格在1993年的研究中提出互动公平的两个方面是互相独立的，他用人际间公平（interpersonal justice）和信息公平（informational justice）两个概念来描述互动公平的两个维度，并指出人际间公平是指人们在制定和实施决策的过程中受到权威或者第三方礼貌、得体和尊重地对待的程度；信息公平是指决策者向人们解释或者传达为什么决策以这种方式制定或者为什么结果是这样分配的。至此，公平理论的三因素和四因素模型的视角被完整提出。三因素模型是指将互动公平看成单一维度概念，四因素模型将互动公平划分为人际间公平和信息公平两个维度。虽然互动公平最初被认为是程序公平的一部分，但是越来越多实证研究发现，互动公平与程序公平在概念和理论上完全可以区分开（Colquitt et al.，2001）。

目前对公平的主流研究文献中，采用四因素模型视角的研究并不多，大部分仍采用三因素模型的视角，将互动公平看成一个单一维度的概念。具体来讲，在组织行为领域的个体层面上，科尔奎特（2001）将互动公平定义为人们在制定程序的过程中受到的人际待遇的公平程度。当决策者礼貌小心地对待个体，并向他们详细地解释决策的合理性时，互动公平就实现了。在战略管理领域，罗（2007b）将互动公平定义为联盟的跨边界者感知到的人际待遇和信息交换的公平程度。在供应链管理领域，王等（Wang et al.，2014）将互动公平定义为，在供应链合作中，解决冲突和制定决策的过程中供应链成员感受到的人际间待遇的公平程度。本书综合前人文献，将互动公平定义为，供应链成员在供应链合作中受到公平的人际待遇，主要表现在被礼貌、诚实和体面地对待以及对于决策制定和政策发生改变享有知情权的程度。

2.1.2　公平的理论视角综述

为了更准确地理解在不同研究层面、不同研究背景下公平的作用，本节将对公平的理论视角进行综述。

1. 反应—先动视角

反应—先动视角由范·艾弗迈特等（Van Avermaet et al.，1978）首次提出。反应视角回答不公平了怎么办，主要关注人们试图逃避或避免不公平情况的出现；而先动视角回答如何形成更公平的环境，主要关注于人们主动通过行为设计促成公平的状态。格林伯格（1987）对反应—公平视角做出了总结。其中，亚当斯（1965）的公正理论属于关注结果的反应视角，他指出，被过度奖赏的员工会感到内疚，而被低度奖赏的员工会感到生气，这些负面情绪会促使员工在行为层面和心理层面改变自己或者他们的贡献和产出。与反应视角关注的员工受到公平或不公平的分配结果时的反应不同，先动视角关注员工努力创造公平的结果分配。勒旺塔尔（1976）提出的公平判断模型是对结果的先动视角，他指出个体通过使用不同的分配准则来使得结果的分配更加公平。

2. 工具视角

工具视角认为个体关注公平问题是被个人利益驱动，因为公平可以提供一种重要的将个体利益最大化的机制（Foa and Foa，1974；Thibaut and Walker，

1975）。例如，蒂鲍特和沃克（1975）提出，人们在决策制定过程中对控制权的渴望，就是因为控制权在长期内能够为人们带来好的收益。应用这一理论视角的研究普遍发现当结果有利时，人们对过程的反应更加积极（Shapiro and Brett, 1993）。

3. 关系模型

关系模型与工具性模型相反，主张个体关心公平与否，是因为公平的待遇标示着他们在社会团体内部的身份和地位，进一步影响员工对自我价值和自尊的感知（Tyler and Lind, 1992）。关系模型下的三个理论视角可以帮助更好地理解关系模型：（1）团队价值模型（Lind and Tyler, 1988）；（2）权威的关系模型（Tyler and Lind, 1992）；（3）团队参与模型（Tyler and Blader, 2003）。这三个模型都主张人们关心他们对他们所在的团体的价值和重要性。也就是说，个体关心公平是因为公平或不公平的待遇传达了关于他们在团体中价值和自尊的信息（Cropanzano et al. , 2001a）。使用关系模型研究公平的文章认为，除个人利益的原因之外，人们关心公平是因为公平的待遇象征了他们在团队内的身份和地位，能够满足个体内心对团体归属感和个人价值实现的追求（Cropanzano et al. , 2001b）。

4. 公平启发理论

公平启发理论的观点需要与不确定管理理论一起来理解。不确定管理理论的视角认为人们关心公平是因为个体天性对确定性和可预测性的需求，人们需要依靠公平的信息来降低不确定性（Lind and Van den Bos, 2002；Van den Bos and Miedema, 2000）。换言之，人们关心公平，是因为是否被公平的对待能够提供一种有效和高效的工具，用来应对人们面对的各种不确定性。公平启发理论是不确定管理理论在公平研究中的应用。特定的，公平启发理论的视角认为，在组织中的个体永远面临一个“基本的社会困境”，即与权威人士合作可以带来更好的绩效，但是也提高了被利用的风险（Lind, 2001）。因此，个体需要“公平启发”作为一个捷径来判断是否应该合作。这个理论包含两个阶段，在判断阶段，个体通过可得的公平信息达成一个对公平的基本判断，这个可得的公平信息可能是任何一种公平模式，通常是程序公平（Lind et al. , 1993）；在使用阶段，个体根据在判断阶段形成的关于公平的判断决定后续对权威或组织的态度和行为。使用这一理论视角的研究表明，个体对公平的待遇会做出积极的反应，因为公平的待遇可以降低不确定性以及对权威或组织的不信任，而个体对不公平的待遇会做出消极的反应，因为不公平的待遇会提高不确定性以及对权威或组织的不信任。

5. 道德视角

道德视角提出，人们关心公平与否是因为不公平地对待别人违背了通行的道德准则（Folger，1998；Folger et al.，2001）。根据福尔杰和他同事的研究，人们通过三个反思步骤来判断是否不公平（Folger et al.，2005）：第一，如果其他情况发生，结果是否会变得更好？第二，犯规者是否能够可以换一种行为从而避免不利的结果？第三，犯规者是否应该以更满足道德准则的方式做事情？这三个反思的提问将公平与道德联系起来。从道德视角来看，人们关心公平不仅仅因为工具性或关系视角的考虑，也可能因为道德准则中要求所有个体都被公平对待（Folger et al.，2008）。事实上，使用道德视角的研究大多发现人们对不公平的反应很激烈，即使这种反应可能与他们的工具和关系利益相违背（Rupp and Bell，2010；Skarlicki and Rupp，2010）。

6. 社会交换理论

之前的诸多理论例如工具模型和关系模型，虽然也阐述了个体在面对公平或不公平时的反应，但更多分析的是公平的感知是如何形成的（Colquitt et al.，2013），一些学者将社会交换理论应用在公平的研究中，认为社会交换理论能够更加准确地解释在交换关系中公平对个体的作用（Cropanzano et al.，2008）。社会交换理论描述了交易关系中的双方在遵循一定规则下进行各种资源的交换并逐渐提高关系质量（Cropanzano and Mitchell，2005）。这种资源可以是有形资源，如物料、资金等，也可以是无形资源，如爱、认可、建议、支持等（Foa and Foa，1980）。研究公平的学者们认为，在组织内部，上级或者组织的公平对个体来讲，也是一种象征性的资源或者奖励，因此，个体应该遵循互惠原则，对上级或组织做出积极的回馈，从而建立一种良性的交换关系（Cropanzano et al.，2002；Cropanzano et al.，2008；Organ，1990）。从这个角度来讲，使用社会交换理论研究公平的文章中大多解释了为什么上级或组织对员工正面的行为会引起员工在态度和行为上积极的回应。

2.1.3 公平的研究现状

在管理学科对于公平的研究起源于组织行为领域，核心关注组织内部的员工受到公平或者不公平待遇时会有什么反应（Kim and Mauborgne, 1993；McFarlin and Sweeney, 1992）。这些反应一般表现为对个体或组织的态度（Choi, 2008；Pillai et al., 1999）、行为（Barclay and Kiefer, 2014；Thau et al., 2007）或绩效（Andrews et al., 2009；Wang et al., 2015a）等方面，这些行为被统称为参考系统反应（De Cremer et al., 2010）。其他领域的学者也逐渐关注到公平的重要性，将公平的研究从组织内部的个体层面扩展到营销领域 O2C（organization to consumer）层面研究组织公平对消费者态度和行为的影响（Maxham and Netemeyer, 2002；White et al., 2012）。也有部分学者在 B2B（business to business）的组织间层面研究公平对组织间行为和绩效的影响（Griffith et al., 2006；Luo, 2008）。

1. 组织行为领域

科尔奎特（2001）是较早对公平的四个维度的概念进行实证研究的学者。他提出，公平的四个维度在概念上完全可以区分开，并提出分配公平会影响员工对结果的满意度，人际间公平影响员工对领导的评价以及帮助行为，程序公平影响员工对规则的遵守以及团体承诺，信息公平影响员工的团体自尊。他的研究认为，不同维度的公平的作用不同，因此，同时考虑公平的四个维度才能全面理解公平对员工的影响。

在组织行为领域，由于对公平的关注较多，也有不少学者使用元分析（meta-analysis）的方法综述了公平的研究。例如，法西纳等（Fassina et al., 2008）提出了五个公平、满意度、组织公平行为之间完全中介、部分中介以及直接作用的模型。元分析支持了独立作用的模型，即公平与满意度单独影响组织公民行为。惠特曼等（Whitman et al., 2012）使用元分析研究了组织公平氛围与个体层面的效果之间关系。研究发现，程序公平与个体层面的绩效例如生产力、客户满意度最相关；而互动公平与个体层面的流程例如组织公民行为和凝聚力最相关。科尔奎特等（2013）基于社会交换理论提出公平正向影响组织公民行为、任务绩效，负向影响反生产力工作行为；在态度方面，正向影响信任、组织承诺、感知到的组织支持和上级成员交互；基于情感理论（affect theory）提出公平正向影响积极的情感，负向影响消极的情感。邵等 Shao et al.，2013）基于工具模型、关系模型、不确定管理模型等理论视角研究了文化的不同维度对公平的调节作用，主张对公平的研究需要考虑特定的情境因素。

2. 战略管理领域

在公平—态度研究中，约翰逊等（2002）在海外合资公司的情境下发现，管理层感知到的程序公平，会影响管理层对母公司的承诺。

在公平—合作的研究中，基姆和莫伯尼（1998）认为员工在合作行为中分享知识很重要，他们研究了程序公平对于员工主动合作分享知识的作用。结果发现，当人们感觉到制定决策的过程公平时，基于信任和承诺他们会表现出高水平的主动合作行为；而当他们觉得程序不公平时，他们会拒绝合作。李等（Li et al.，2007）使用109家科技公司以及91名学生组成的项目小组研究了在新产品开发背景下程序公平的作用。研究发现，感知到高层决策时的程序公平正向影响项目组成员合作解决问题，合作解决问题进一步中介感知到的程序公平与新产品绩效的关系。阿里诺和林（Ariño and Ring，2010）使用案例分析的方法，研究发现在联盟形成的谈判过程中，感知到的四种公平对是否形成联盟的决策具有重要作用。具体而言，感知到的公平会影响成员决策的逻辑，例如产权逻辑、控制权逻辑和关系质量逻辑，并进一步影响成员对联盟效率和公正的评估，最终影响是否参与联盟的决策。

在公平—绩效的研究中，埃利斯等（Ellis et al.，2009）研究了在企业兼并过程中，程序公平和信息公平的作用。研究发现，二者的交互作用影响整合过程中的价值创造，而程序公平只影响整合后的价值创造。

在公平—绩效的研究中，罗（2005）通过对我国企业的国际联盟的数据分析，研究了跨文化的联盟中双方跨边界者共同感知到的程序公平对绩效的影响。研究发现，双方都感知到程序公平比一方感知到程序公平对绩效的作用更大。研究还发现，当联盟双方的文化距离和行业结构的不确定性高时，双方感知到程序公平对绩效的作用更强。

在此基础上，罗（2007b）更进一步研究了公平的三个维度的单独及交互作用对联盟绩效的影响。他认为，尽管公平是所有经济交换的基础，但每种形式的公平都有独特的侧重点、功能和目标，也有一个特定的理论视角来解释它对合作的影响。具体而言，他使用公正理论的视角分析分配公平的作用。根据公正理论，分配公平是一个规范性的力量影响各方重复交易的动机。当一方感觉到他们在结果分配时受到不公平待遇时，他们合作的动力就减弱了，甚至他们会做出伤害彼此利益的事情。使用工具模型理解程序公平的作用。工具性的视角认为成员对战略伙伴的可信度没有足够的信息，对最终利润如何分配也没有足够的信息。因此，成员会根据决策参与中程序的公平来确定合作伙伴的可信程度。使用社会交换理论解释互动公平的作用，根据社会交换理论，在人际关系和信息共享方面的公平待遇能够加强跨边界者之间的关系依附，进一步发展成为社会资本，促进合作。研究最终发现，三种形式的公平对联盟绩效的作用都很显著，程序公平和互动公平比分配公平的作用更显著。同时，当互动公平增加时，程序公平与绩效之间的积极作用加强。但是，互动公平与分配公平以及分配公平与程序公平之间的交互作用不显著。

罗（2008）研究了在联盟关系中程序公平对合作的影响。研究发现，程序公平对联盟的财务绩效和运营绩效都有积极作用，对运营绩效的作用更大。同时，程序公平也影响联盟跨边界者个人的信任以及组织间的信任，并通过这两种信任间接影响财务绩效。同时，治理方式会加强程序公平与两种绩效之间的关系。

3. 营销管理领域

在服务员工与消费者交互的研究中，马克沙姆和内特迈耶（Maxham and Netemeyer, 2002）使用两个实地研究方法研究了在服务失败的情况下，消费者感知到的公平对消费者行为的影响。研究发现，程序公平和互动公平对影响消费者整体满意度的作用比分配公平大。类似地，在服务失败后恢复的研究中，斯帕克斯和麦克尔·肯尼迪（Sparks and McColl-Kennedy, 2001）发现组织公平会影响消费者满意度。德尔里奥·兰扎等（Del Río-Lanza et al., 2009）发现，公平的三个维度对消费者满意度都有积极作用，并且程序公平对满意度的作用最大。同时，他们还发现，在三种公平中，只有程序公平会影响消费者的情绪。廖（Liao, 2007）研究了在处理消费者抱怨时，员工的道歉、解决问题、礼貌等行为会通过影响消费者感知到的公平影响消费者的满意度和再次购买意向。

布洛吉特等（Blodgett et al., 1997）使用情景式实验的方式研究了客人在退货过程中感知到的三种公平对后续负面口碑传播行为的影响。研究发现，互动公平对负面口碑传播行为的影响最大。贝当古和布朗（Bettencourt and Brown, 1997）研究了与消费者直接接触的服务员工感知到的公平如何影响他们在服务交互过程中的行为。结果发现，公平的工作监督、薪水、晋升规则以及上级合理管理等规则积极影响员工的亲社会行为和工作满意度。马克沙姆和内特迈耶（2003）在服务交互背景下研究了员工感受到的组织公平影响员工的消费者导向的角色外行为，进而影响消费者感知到的公平以及消费者后续的态度和行为。研究发现，组织公平的三个维度都会影响消费者对员工角色外行为的打分，并进一步影响消费者感知到的三种公平，消费者感知到的分配公平影响消费者的满意度、购买意向和口碑传播，而程序公平只影响满意度和口碑传播，互动公平只影响满意度和购买意向。

与之相反，鲁普等（2008）研究了在服务交互背景下，消费者对员工的公平如何影响员工的态度和行为。研究发现，消费者对员工的不公平会降低员工的表面表现（surface acting）。卡尔（Carr, 2007）在服务接触领域提出了服务公平的模型，研究消费者与其他消费者相比感知到的分配、程序、互动公平对系统性服务公平及服务满意度的影响。研究发现，消费者感受到的分配、程序、信息和人际间公平通过影响系统性公平提高消费者满意度和服务质量。

在营销渠道组织间公平的研究中，古玛等（1995）是较早在组织间层面研究公平的文章。他们在供应商—分销商背景下，提出强势的供应商和弱势的分销商之间，分销商很难依靠合同等方式保障自己的利益，因此他们非常关心供应商是否公平。研究发现，分配公平和程序公平都正向影响关系质量，程序公平比分配公平对关系质量影响更大。布朗等（2006）对于批发商与供应商的关系研究发现，分配公平正向影响渠道成员满意度，程序公平对满意度没有直接作用，只有在高的分配公平下，程序公平才能提高满意度。分配和程序公平都能够降低渠道冲突。此外，他们认为程序公平相对于分配公平，更关注于社会关系，因此对冲突的降低作用更明显，对经济方面影响较小。类似地，伊尔马兹等（Yilmaz et al., 2004）发现供应商的分配和程序公平影响零售商的满意度。顾和王（Gu and Wang, 2011）发现，分销商感知到的公平会提高分销商对合作项目的参与以及双方的关系质量，当分销商对制造商的依赖高时，公平的作用减弱。在组织与消费者层面的公平研究中，怀特等（White et al.，2012）在零售商与消费者的关系研究中发现，在零售商建议消费者使用自助服务机器的过程中，消费者感知到的零售商的公平会影响消费者的赞助、未来花费和负面口碑传播意向等行为。伊和龚（Yi and Gong，2008）研究了消费者的公平感知影响消费者的情感及行为。结果发现，公平的三个维度对积极和消极情感都有影响，积极情感影响消费者的公民行为，而消极情感影响消费者的不正当行为。

4. 供应链管理领域

在公平—态度的研究中，霍弗等（Hofer et al.，2012）使用社会交换理论研究了在供应链物流背景下，程序和分配公平对物流外包关系在态度和行为层面的影响。研究发现，第三方物流供应商在程序上的公平以及相应的结果公平能够提高客户的信任和长期合作倾向。类似地，格里菲斯等（Griffith et al.，2006）通过对290个供应链关系的数据的分析，发现感知到的供应商的程序和分配公平，能够提高分销商的长期合作意向和关系行为，进一步降低冲突，提高满意度。卡纳克等（Kaynak et al.，2015）发现，在买卖双方关系中，分配和程序公平正向影响关系连续性。伊尔马兹等（2004）在供应商与中间商的背景下研究中间商感知到的公平对供应商的绩效与中间商满意度关系的中介作用。研究发现，供应商的公平对于提高中间商满意度具有重要作用。同时，供应商公平在供应商绩效与中间商满意度之间起中介作用。

王等（Wang et al.，2014）研究了当供应商引起供应链断裂或破坏事件时，供应商可以选择合适的公平措施降低买方对供应商的不信任。研究发现，程序公平在修复买方对供应商在能力、善意和正直信任时的作用最大，其次是分配公平和互动公平。

在公平—行为的研究中，刘等（2012）通过对我国216对制造商—分销商的数据分析，发现公平的四个维度通过影响知识共享、持续承诺和关系投资提高双方的关系绩效。提出公平不仅直接影响绩效，也会通过影响合作中的行为，间接提高绩效。其中，程序公平和信息公平的作用更大。

罗等（2015）使用从我国225对家电行业收集到的数据研究了买卖双方关系中，公平的感知对控制投机和提高绩效的作用。研究发现，分配公平对于降低强投机有显著作用，而程序和互动公平对于降低弱投机有显著作用。

在公平—绩效的研究中，波波和周（Poppo and Zhou，2014）研究了在买卖双方关系中，公平对于合同设计和交易绩效之间的中介作用。研究发现，程序公平部分中介合同复杂性与绩效之间的关系；而分配公平部分中介合同再现对绩效的关系。该研究建议在合同设计时不仅要考虑它治理的功能，还需要考虑公平因素，建立一个公平的参考框架。

纳拉辛汉等（Narasimhan et al.，2013）在供应链管理领域，使用限制因素模型研究了公平的相对重要性及对绩效的影响。根据限制因素模型，他们发现，当感知到的一种公平比另外两种公平少时，提高另外两种公平对绩效没有作用。当买卖双方关注于相对最弱的公平维度时，可以实现利益最大化。比格尔和阿卡尔（Beugré and Acar，2008）研究了在离岸外包背景下，组织间的跨边界者感知到的公平在行为不确定性与关系承诺之间的调节作用。研究发现，跨边界者感知到的分配、程序和互动公平降低行为不确定性对关系承诺的负面作用。

2.1.4　研究文献的不足及启示

1. 研究不足

相对于研究较为充分的组织行为领域，组织间关系，特别是供应链管理领域的研究还存在以下不足之处：

第一，供应链上公平的研究，就其结果变量而言，缺少行为因素的研究。科恩·查拉什和斯佩克特（2001）指出，公平会对个体或组织在情绪、态度和行为方面产生影响，组织行为领域以及营销领域都有较多研究关注个体的情绪、态度和行为，而在供应链管理领域，大部分研究只关注了公平对组织态度的影响，诸如关系承诺、信任和满意度（Wang et al.，2014；Zaefarian et al.，2016），只有极少量研究关注了公平对供应链成员行为的影响。在近年的研究中，刘等（2012）研究了公平对知识分享和关系投资的影响，罗等（2015）探讨了公平对投机行为的影响。但是有关公平如何影响供应链合作行为的研究还处于起步阶段，需要更多实证和理论检验。

第二，供应链上公平的研究，鲜少实证检验不同维度公平的不同作用，同时缺少结构化的视角对公平的不同维度呈现的模式进行探索。如前所述，在组织行为领域，学者们发现不同维度的公平在影响员工的态度和行为的作用和强度上有显著差异，程序公平比其他公平作用更大。但是，这些在组织行为领域适用的各种理论和发现是否在供应链管理领域依然适用还缺少实证检验。也就是说，在供应链管理领域，程序公平、分配公平以及互动公平作用的区别还缺少系统和一致的结论。此外，也缺少结构化的视角对公平不同维度呈现的模式进行探索。研究公平的不同模式的作用也有助于发现不同维度的公平的联合作用。

第三，供应链上公平的研究，理论视角尚不充分。在组织行为领域的研究中，学者们使用工具视角、关系视角、公平启发理论等对公平如何影响员工反馈做出了充分的研究。但是在供应链管理领域，大部分研究都只使用了社会交换理论（Griffith et al.，2006；Narasimhan et al.，2013）。根据社会交换理论，三种公平都能带来积极的反应，因此，社会交换理论无法解释不同公平维度的具体作用。换言之，社会交换理论无法区别三种公平之间的不同作用。因此，供应链上对公平的研究需要发展新的理论视角。

2. *研究启示*

从组织行为领域对公平的研究中获得启示，以弥补供应链管理领域公平研究的不足之处。

第一，在组织行为领域，员工应对公平的反应机制主要体现在情绪、认知和行为层面。供应链企业作为一个实体组织，无法测量其情绪，但是，供应链成员可以从认知和行为方面来回应他们受到的公平或不公平待遇。供应链领域，大部分文献从认知层面研究公平的作用，对行为的研究相对缺乏。组织行为领域的文献指出员工对公平最主要的两种行为反应包括组织公民行为和反生产力工作行为（Colquitt et al.，2013）。其中，组织公民行为是对整体组织有利的行为，而反生产力行为是对整体组织有害的行为。受此启发，在供应链上，也可以探讨这样一对相对的供应链合作行为，一种是对供应链整体合作有利的行为，一种是对供应链整体合作有害的行为。本书认为，权力的两个维度符合这个标准：强制权力通常被认为会引起冲突、破坏长期合作关系（Brown et al.，1995；Zhao et al.，2008b），因此属于对供应链整体合作有害的行为。而非强制权力通常被认为会提高承诺和信任水平（Brown et al.，1995；Zhao et al.，2008b），因此是对供应链整体合作有利的行为。本书将探讨公平对权力的两个维度的影响。

第二，在组织行为领域，学者们详细地探讨了公平的三个维度对于员工的不同作用，换言之，学者们对每种维度的公平会在哪些方面影响力最大已经基本达成共识，即分配公平对员工个体层面的影响更显著，程序公平对员工与组织交互层面的影响更显著，而互动公平对员工与管理者交互的影响更显著。受此启发，本书认为在供应链管理领域，公平的不同维度也会在特定方法产生特定的效果。因此，本书详细研究了公平的不同维度对权力的不同方面的影响，试图揭示供应链上公平的不同维度的具体作用。

第三，在组织行为领域，学者们广泛使用工具理论、关系理论等理论基础来解释公平的不同维度的不同作用。本书认为，虽然转换研究情境，但是基本理论依旧适用。因此，本书将在组织行为领域得到广泛验证的公正理论、工具模型、关系模型借鉴到供应链管理领域。具体而言，本书将使用公正理论解释分配模型的作用，用工具模型解释程序公平的作用，用关系模型解释互动公平的作用，试图采用不同的理论视角解释公平的不同维度的不同作用。

2.2 权力的文献综述

2.2.1 权力的概念和维度

1. 权力的概念

不同的学者对权力的定义不同。一些学者将权力定义为克服阻力获得想要的结果的能力（Astley and Sachdeva，1984；Pfeffer and Pfeffer，1981）。梅凯尼克（Mechanic，1962）认为权力是一种促使某些结果的力量，当这种力量不存在时，这些结果也不会发生。萨拉尼克和普费弗（Salancik and Pfeffer，1977）以及明茨伯格（Mintzberg，1983）简单地把权力定义为影响结果或者把事情做好的能力。尽管这些定义在概念上存在一定的一致性，但是他们有一个显著的区别，即一些学者关注权力的“能力”视角，而另一些学者关注权力的“使用”视角（Brass，1992；Ibarra，1993）。能力视角认为权力与个体自身属性或所在的位置属性相关，这种视角的权力被称为潜在权力（potential power）（Brass and

Burkhardt, 1993）；使用视角认为权力只有在使用的时候才能体现出效力，这种视角的权力被称为权力的使用（Mintzberg, 1983）。伯拉斯和伯克哈特（Brass and Burkhardt, 1993）以及伊巴拉（Ibarra, 1993）认为，潜在权力由个人在组织层级结构中所处的位置以及个人在网络结构中的中心度所决定，因为这些位置属性会赋予个体一定的资源；而权力的使用是发挥这些资源优势的行为。在组织内的微观层面研究中，学者们大多关注潜在权力的作用（DeRue et al., 2009；Wiltermuth and Flynn, 2013）。在组织间的宏观层面研究中，对权力使用的关注比较多（Brown et al., 1995；El – Ansary and Stern, 1972）。

在组织间研究层面，权力也被称为"影响策略"（influencing strategies）（Frazier and Summers, 1986；Kim, 2000）。安萨里和斯特恩（El-Ansary and Stern, 1972）是较早将权力从组织内层面引入组织间层面的研究。他们在营销管理背景下，把权力定义为渠道成员影响同一渠道中其他渠道成员在制定市场战略相关决策的能力。类似地，亨特和内文（Hunt and Nevin, 1974）在特许经营商之间的关系研究中，把权力定义为一个特许经营商影响另一个特许经营商决策的能力。威尔金森（Wilkinson, 1974）认为权力是企业影响其他成员决策或者蓄意改变其行为的能力。威尔蒙（Wilemon, 1972）将权力定义为一个渠道成员影响另一个渠道成员做出有利于自己利益的行为的能力。马洛尼和本顿（Maloni and Benton, 2000）是较早在供应链领域研究公平的学者，他们把权力定义为一个企业在意图和行为上影响另一个企业的能力。赵等（Zhao et al., 2008）、汉德利和本顿（Handley and Benton, 2012a）以及陈等（Chen et al., 2016）也类似地将权力定义为企业影响和控制供应链成员的能力。由此可见，组织间层面对权力的定义较为统一，即强调权力在使用过程中影响其他合作成员的能力。本书基于这些文献将权力定义为：供应链成员影响其供应链合作伙伴做出其他情况下不愿意做出的行为的能力。

2. 权力的维度

权力是一个多元维度的概念（Ireland and Webb, 2007）。学者们一般把权力的维度称为权力来源（power sources）或者权力基础（power bases）。在组织间研究权力的文章中，对权力基础的认知较为统一。在学术界采用最多的就是弗伦奇和拉文（French and Raven, 1959）的五种权力基础的分类方法，随后拉文和克鲁格兰斯基（Raven and Kruglanski, 1970）引入了第六种权力基础，即信息权力。虽然学者们对权力基础达成了较为一致的认知，但是，对于权力基础的二分法，不同的学者有不同的看法。后文将详细介绍权力基础的概念以及对权力不同的划分方法。

弗伦奇和拉文（1959）根据权力的来源把权力分成五个维度：强制权力（coercive power）、奖励权力（reward power）、法定权力（legitimate power）、参考权力（referent power）、专家权力（expert power）。

具体而言，强制权力是指权力接收方以为如果他不按照权力持有方的意愿和要求做事情，他就会受到惩罚或威胁（French and Raven, 1959）。弗雷泽和萨默斯（Frazier and Summers, 1986）指出，强制权力通常被认为是权力持有方为了从交易关系中攫取额外的利益而使用的权力，对权力接收方来讲，这种权力是对他们而言是一种利用和剥削。基姆（Kim, 2000）认为，强制权力是权力持有方想要对方做出特定行为时而对对方施压。因此，强制权力作用的方式是靠施压、惩罚或威胁（Ireland and Webb, 2007）。例如，在供应链中，买方可以通过威胁供应商他们会取消订单或者减少与供应商的业务量，而要求供应商降低价格。

奖励权力是指当权力接收方对权力持有方表示服从的时候，权力持有方向权力接收方进行奖励的能力（French and Raven, 1959）。这种奖励可以是给予权力接受方希望得到的东西，也可以是减少权力接收方不希望得到的东西。例如，在供应链中，买方可以向供应商提供更多订单以嘉奖供应商对买方在某些方面的服从和让步。

法定权力是指对于权力的接收方而言，他们的内在价值体系认为权力持有方天然有权力影响他们，而他们有义务必须服从权力持有方的要求（French and Raven, 1959）。伊巴拉（1993）以及伯拉斯和伯克哈特（1993）所研究的结构化的权力就是法定权力的一种。即当权力持有方所在的层级结构和网络结构优于权力接收方时，权力接收方就认为权力持有方有影响他们的权力，而他们有服从要求的义务。或者在供应链关系，权力接收方认为权力持有方对他们而言更重要时，权力接收方也会赋予权力持有方法定权力。例如，当供应商认为他们的某个客户很重要时，他们就认为那个客户有权力要求他们以及他们必须按照客户的要求做事情。

参考权力基于权力接收方对权力持有方的认同（identification）而存在（French and Raven, 1959）。在供应链管理领域，赵等（2008）认为，当供应商非常认同买方的发展目标、管理方式和组织特性，并想通过这些方面的认同与买方建立起很强的情感纽带时，买方就可以通过他们的价值观和规范来影响供应商。例如，一个供应商非常崇拜和尊重苹果公司，并想与苹果公司建立连接，这个供应商就会受到苹果价值观和规范的影响，学习苹果的经营理念和管理方式（Terpend and Ashenbaum, 2012）。

专家权力是指权力接收方认为权力持有方在某个特定领域拥有专家和知识，这种权力影响力的大小由权力接收方感知到的权力持有方的知识强度所决定（French and Raven, 1959）。在供应链管理领域，赵等（2008）认为，当买方掌握更多终端消费者的需求信息或者买方在新产品开发、设计和销售中掌握特定知识和技能时，买方对供应商而言就拥有专家权力。例如，丰田汽车掌握更多敏捷管理系统的知识，当它的供应商想要实施敏捷管理系统时，丰田在这个方面就可以使用专家权力影响它的供应商（Terpend and Ashenbaum, 2012）。

拉文和克鲁格兰斯基于1970年提出信息权力的概念，与另外五种权力基础不同，信息权力在很长时间内都没有受到学者们的重视。信息权力表现在两个方面：（1）权力持有方向权力接收方提供权力接收方之前不知道的信息；（2）权力持有方向权力接收方解读现有信息的意义的方式是权力接收方所不知道的（Raven and Kruglanski, 1970）。也就是说，权力持有方通过控制信息渠道和意义来影响权力接收方。其中一个例子就是通用和福特公司向它们的分销商共享财务和运营数据以帮助分销商更清楚地理解销售策略和市场信息（Brown et al., 1983）。

虽然学术界对权力的研究不外乎以上六种来源的权力基础，但是学者们在研究中逐渐发现，这些权力基础中某些权力的作用是类似的，或者说，权力在使用时不是只使用一种权力，而是同时使用多种类似权力（Raven and Kruglanski, 1970）。因此，在随后的研究中，不同学者按照不同的标准对权力基础做出了分类，大部分学者都使用二分法把权力基础分成了两类：强制权力和非强制权力、经济权力和非经济权力、权变权力和非权变权力以及媒介权力和非媒介权力。

亨特和内文（1974）将弗伦奇和拉文（1959）提出的五种权力基础分成了

两类：强制权力和非强制权力。他认为强制权力与其他四种权力的区别在于强制权力包含着潜在的惩罚（punishment），而其他权力例如参考权力、专家权力、奖励权力等，则是个体主动或愿意使用的权力。换言之，个体使用强制权力时自我可能会有压力或负担，而个体使用其他四种权力时则会相对轻松。因此，相对于强制权力，亨特和内文（1974）把其他四种权力统称为非强制权力。与前人对强制权力的定义相同，即使用惩罚或威胁影响他人或团体。非强制权力则定义为个体使用奖励、知识、价值观或规范影响他人或团体。

埃特加（Etgar，1978）根据权力的使用是否会涉及经济资源以及权力的结果是否会带来直接的经济激励将弗伦奇和拉文（1959）提出的五种权力基础分成了经济权力（economic power）和非经济权力（noneconomic power）两类。埃特加认为，奖励和惩罚在使用的过程中动用了权力持有方的经济资源，并将这种经济资源转化为对权力持有方直接的经济激励或者负向的经济刺激，这种权力被称为经济权力。而专家、参考和法定权力的使用主要是通过在合作关系中开发一种关系环境促使权力接收者的服从。这种对其他方的影响过程不涉及经济利益，而是通过对传统的尊重、对专家的认可、对文化规范的接受实现的，这种权力被称为非经济权力。

约翰（1984）根据影响权力接收方服从的动机是外部驱动还是内部驱动将弗伦奇和拉文（1959）提出的五种权力基础分成了权变权力（contingent power）和非权变权力（noncontingent power）两类。约翰（1984）认为，奖励和强制权力是依赖对外部结果的控制，例如用奖励或惩罚来迫使权力接收方服从，这种权力被称为权变权力；专家、参考和法定权力是依赖内部驱动例如内在化（internalization）和认同来达到权力接收者的服从，这种权力被称为非权变权力。因此，权变权力依靠外部物质激励起作用，而非权变权力依靠内部认同激励起作用。舍尔和斯特恩（Scheer and Stern，1992）也将权力分为权变权力和非权变权力，区别在于，舍尔和斯特恩（1992）认为弗伦奇和拉文（1959）的五种权力基础既可以是权变的，也可以是非权变的，取决于权力持有者使用权力的方式。他们认为，权变的权力使用方式是指权力持有者明确告诉权力接收者，如果他们做出某种行为就会得到相应的奖励、惩罚或者建议和指导；而非权变的权力使用方式是指权力接收者受到的奖励、惩罚或建议指导与权力持有者要求做到的事情没有关系。也就是说，权变的权力使用方式中，权力接收者得到的正面或负面回馈是有条件的，而在非权变的权力使用方式中，权力接收者获得的奖励、惩罚或建立指导是无条件的。

约翰逊等（1993）根据权力的作用方式是否需要媒介将弗伦奇和拉文（1959）的五种权力基础分为媒介权力（mediated power）以及非媒介权力（non-mediated power）。这种权力划分的方法与权变和非权变权力有点类似。具体而言，媒介权力需要借助外部的强化因素（媒介，例如奖励或惩罚），有目的性地控制权力接收方的行为；非媒介权力在使用时并没有明确目的，不会控制权力接收者的意图（Brown et al.，1995），甚至非媒介权力的接收者根本不知道非媒介权力的存在（Benton and Maloni，2005）。

2.2.2 权力研究的理论视角

1. 资源依赖理论

资源基础理论对于解释权力的形成提供了重要的理论视角（Ireland and Webb，2007）。资源依赖理论认为没有企业能够在资源方面实现自我满足，企业需要从外部环境中获取资源以实现组织目标，普费弗和萨拉尼克（1978）甚至认为，几乎所有组织结果的实现都基于外部的依赖关系。也就是说，所有的企业都是相互依赖的实体，这种依赖关系使得被依赖的一方拥有了权力。具体而言，如果企业 A 拥有或控制着重要而稀缺的资源正是企业 B 所需要的，那么企业 B 对企业 A 的依赖就赋予了企业 A 对企业 B 的权力（Pfeffer and Salancik，1978）。

2. 交易成本理论

交易成本理论的基本观点认为，企业的目标是在交易过程中通过各种手段降低交易成本（Williamson，1985），换句话说，企业在交易关系中需要寻找最经济最有效的治理手段，对关系进行管理（Argyres and Liebeskind，1999；Tsang，2000）。爱兰德和韦伯（Ireland and Webb，2007）认为，交易成本理论也解释了企业如何在交易关系中获得权力。按照交易成本理论的基本原则，交易中的成员可以将权力作为一种经济手段去降低成本、避免经济损失以及获得经济利益（Ireland and Webb，2007）。

3. 社会交换理论

社会交换理论在研究权力的文章中应用较多，因为社会交换理论解释了权力如何在交易关系中起作用。社会交换理论的基本观点认为，企业进入或者维持一定的关系是因为这样做会得到回报（Blau，1964；Emerson，1976）。企业在交易关系中的行为遵循互惠原则（Cropanzano and Mitchell，2005），正向互惠是指企业对积极的对待做出积极的反馈，负向互惠是指企业对消极的对待做出消极的反馈（Eisenberger et al.，2004；Uhl－Bien and Maslyn，2003）。而权力的使用会释放出企业对关系的态度，因此会引起其他方相应的反馈（Blau，1964；Emerson，1976）。

2.2.3　权力的研究现状

权力在组织间关系管理中普遍存在，在学术界也受到了广泛的关注，因此组织间对权力的研究较多、较充分。本节内容对组织间权力的综述，没有区分营销渠道与供应链管理，因为在营销领域对权力的研究与供应链领域对权力的研究并没有显著区别，基本的研究层面都集中在供应商—分销商、供应商—制造商等组织间的买卖关系中。本节内容将按照权力—结果变量的直接关系、权力—结果变量：调节因素、前因变量—权力—结果变量、权力的不对称研究等方面对权力的文献进行综述。

1. 权力—结果变量的直接关系

与公平的研究较为类似，在组织间层面，权力对企业关系的影响主要体现在认知和行为层面。

在认知层面，权力主要的结果变量有信任、承诺、满意度和合作关系。具体而言，在权力—信任的研究中，杰恩等（Jain et al.，2014）发现，强制权力降低信任，非强制权力提高信任。普列斯等（Pulles et al.，2014）和刘等（Liu et al.，2015）对信任的维度进行了细分。普列斯等（2014）发现买方的强制权力会降低供应商的善意信任，而奖励权力能够提高买方的善意信任。刘等（2015）在我国电子商务供应链管理背景下研究了权力与信任的作用。研究发现，非媒介权力正向影响能力和善意信任，负向影响合同信任；强制权力对能力和善意信任有负面影响，对合同信任没有影响；奖励权力对信任的三个维度都没有显著影响。

在权力—关系承诺的研究中，胡保玲（2007）发现，制造商的威胁和信息交换策略会降低经销商的情感承诺，而建议策略会增加其情感承诺。霍宝锋等（2013）发现，供应商使用专家权力和奖励权力既会增加制造商的规范性承诺，也会增加他的工具性承诺；供应商使用强制权力会减少制造商的规范性承诺，而供应商使用认同权力和法定权力对制造商的两种关系承诺都没有显著影响。

赵等（Zhao et al.，2008）在中国情境下研究了权力与关系承诺的影响。研究发现，制造商的专家权力、参考权力和奖励权力对客户的规范性关系承诺有积极作用，只有奖励权力和强制权力会提高客户的工具性承诺，其他非媒介权力对工具性承诺没有影响，规范性关系承诺进一步提高客户整合。布朗等（1995）在西方情境下的研究发现，媒介权力会提高工具性承诺，降低规范性承诺；非媒介权力对工具性承诺没有显著作用，但是会提高规范性承诺。同时，他们还发现媒介权力会降低绩效，非媒介权力会提高绩效。

在权力—满意度的研究中，列奥尼杜等（Leonidou et al.，2008）基于从美国 151 家制造企业收到的数据，使用结构方程模型方法发现，强制权力提高冲突，降低满意度，而非强制权力降低冲突，但对满意度没有显著的作用。与此研究结论不同，李（Lee，2001）研究了我国合资企业中供应商使用权力对分销商感知到的渠道冲突和满意度的影响。研究发现，强制权力提高冲突、降低满意度；非强制权力对冲突没有影响，但是显著提高满意度。拉马塞山等（Ramaseshan et al.，2006）将满意度分为经济满意度和社会满意度，研究发现，强制权力对两种满意度都没有显著影响，非强制权力可以同时提高经济和社会满意度，满意度进一步提高承诺和绩效。唐鸿（2009）发现，非强制权力会提高信任、承诺和满意度，而强制权力会降低信任、承诺和满意度。

在权力—关系的研究中，马洛尼和本顿（Maloni and Benton；2000，2005）在供应链背景下，发现参考权力和专家权力积极影响供应链中买卖双方的关系；强制权力和法定权力对供应链关系有负面影响；奖励权力虽然对供应链关系有正向影响，但是影响强度没有参考权力和专家权力大。多尔蒂和亚历山大（Doherty and Alexander，2006）在特许经销商的背景下使用案例分析研究了强制权力和非强制权力对合作关系的影响。他们认为，在合作关系中，如果没有非强制权力的出现，对关系伤害很大，然而如果出现强制权力，合作关系可能终止。唐鸿（2009）发现，渠道权力的使用会影响关系质量。周健明等（2014）对食品饮料行业制造商的权力研究发现，制造商使用强制权力会显著提高经销商的渠道忠诚度，还会通过提高关系承诺间接提高忠诚度，非强制权力可以通过提高信任和满意度间接提高忠诚度。彭雷清和张正阳（2009）认为，制造商的非强制权力会促进合作双方的关系质量，进而增强彼此团结合作的程度。

权力对行为层面的影响，主要体现在冲突、合作行为、知识共享和投机行为方面。在权力—冲突的研究中，韩顺平和徐波（2007）发现，汽车生产商对零售商使用强制权力和非强制权力都会提高渠道冲突。在权力—合作的研究中，萨哈德夫（Sahadev, 2005）研究了专家权力在买卖双方关系中的作用，在提出的五个结果变量（合作、交流、信任、解决问题的战略、基于行为的协调）中，专家权力只对合作和交流有显著的积极作用。奇诺莫纳（Chinomona, 2013）单独研究了法定权力的作用，研究发现，分销商的法定权力显著地正向影响制造商的合作、关系承诺、关系满意度和信任。杨等（Yeung et al.，2009）在我国供应链背景下研究了权力和信任对供应链整合的作用。与以往研究不同，作者发现供应商的强制权力与信任的主效应一样，都可以提高供应链上内部整合和供应商整合。研究还发现，二者之间的交互作用对供应商整合没有影响，但是当信任水平较低时，强制权力会降低内部整合。尼亚加等（Nyaga et al.，2013）将供应链上的行为分为合作行为（collaborative behavior）和适应行为（adaptive behavior），研究发现，非媒介权力和奖励权力显著提高两种行为，媒介权力显著降低两种行为。

在权力—知识共享的研究中，黑等（He et al.，2013）研究发现，在供应链中，当权力较大的供应链成员限制自己使用权力谋取个人利益时，他的供应链伙伴会提高知识共享行为，并最终提高供应链绩效。蔡等（Cai et al.，2013）也发现供应链中权力的使用可以提高企业技术知识的共享。霍等（Huo et al.，2016）研究发现，专家知识可以提高信息系统的建立和信息交换；强制权力虽然对信息系统的实施有负面作用，但是它对信息内容有显著的促进作用。

在权力—投机的研究中，汉德利和本顿（2012a）将权力分为媒介权力和非媒介权力，将投机分为逃避行为和窃取行为，研究发现，买方的媒介权力会提高供应商这两种投机行为，而买方的非媒介权力会降低供应商的这两种投机行为。类似地，约翰（1984）发现，奖励权力和强制权力提高投机行为；专家、法定和参考权力降低投机行为。周茵等（2011）发现，制造商使用强制权力会加重经销商的投机行为，非强制权力对投机行为没有直接影响。

还有一些学者研究了权力对绩效的影响。例如胡保玲（2009）发现，制造商的威胁策略会降低经销商的绩效，而建议和许诺策略会增加经销商的绩效。

2. 权力—结果变量：调节因素

近年来一些研究开始重视权力的权变作用，即考虑哪些因素会影响权力的作用。文献综述表明，目前对权力调节作用主要集中在两个方面：关系因素和结构因素。关系因素包括承诺、依赖、关系规范和权力大小；结构因素包括供应商数量、买方在供应商营业额占比。

具体而言，杰恩等（Jain et al.，2014）在供应商—分销商双方关系中研究了承诺对权力与信任关系的调节作用。研究发现，强制权力降低信任，非强制权力提高信任。当分销商对供应商是情感型承诺时，强制权力对信任的负面作用减弱；当分销商对供应商是算计型承诺时，非强制权力对信任的积极作用也减弱。这表明在不利的情况下，高的情感型承诺会阻止信任的下降；而在有利的情况下，高的算计型承诺也会阻止信任的上升。研究还发现，信任可以提高企业的战略绩效和财务绩效。

陈等（2016）使用实验和案例两种方法研究了买方使用权力对供应商知识共享的影响，以及供应商的依赖在这个关系中的调节作用。研究发现，买方的专家权力会提高供应商的知识共享行为，强制权力会降低供应商的知识共享行为。同时，当供应商对买方的依赖水平较低时，专家权力对供应商知识共享的积极作用加强，而强制权力对供应商知识共享的消极作用减弱。

布朗等（2009）研究了强制权力和非强制对投机行为的影响以及关系规范在其中的调节作用。研究发现，卖方的强制权力提高买方的投机行为，但是非强制权力对投机行为没有影响。研究还发现，当双方之间的关系规范水平较高时，非强制权力可以降低投机；同时在高的关系规范下，强制权力对投机的促进作用也被加强。

普列斯等（2014）研究了权力对信任和供应商资源分配之间的关系，以及买方在供应商营业额所占比例对这个关系的调节作用。研究发现，整体而言，买方的强制权力会降低供应商的善意信任，对供应商的实体资源分配和创新资源分配都没有显著作用；而奖励权力能够提高买方的善意信任，并对供应商的两种资源分配都有显著的积极影响。研究还发现，买方在供应商营业额中所占比例会影响买方强制权力的作用，对于占比较小的买方而言，他们的强制权力对供应商实体资源分配没有显著影响，而对于占比较大的买方而言，他们的强制权力会显著提高供应商的实体资源分配。信任的作用也会受此占比的影响，对于占比较小的买方而言，供应商对买方的能力信任会提高供应商资源分配，善意信任没有影响；而对于占比较大的买方而言，供应商对买方的善意信任会提高其资源分配，而能力信任不起所用。

钱丽萍等（2010）研究了关系时间持续长短对权力与知识转移的调节作用。研究发现，当关系持续时间较短时，制造商强制权力的使用可以促进零售商知识转移；当关系持续时间较长时，强制权力的使用对知识转移有负面影响。研究还发现，无论关系持续时间长短，非强制权力的使用都可以提高知识转移。

张闯和关宇虹（2013）从社会网络的视角研究了网络中心度和网络密度对权力与冲突之间关系的调节作用。研究发现，网络密度加强了强制权力对合作的负面作用，也加强了非强制权力对合作的正面作用；网络中心度减弱了强制权力与冲突之间的正向关系，也减弱了非强制权力与冲突之间的负向关系。特潘德和阿森鲍姆（Terpend and Ashenbaum，2012）研究了供应商的数量对权力与绩效之间关系的中介作用。研究发现，强制权力的主效应对供应商质量和创新有负面影响，参考权力对绩效的所有维度（交付、质量、成本、创新和灵活性）都有积极作用；法定权力正面影响供应商交付、质量和灵活性。供应商信任对绩效的所有维度也都有积极作用。就中介作用而言，供应商数量减弱强制权力和参考权力对绩效的作用，但增强法定权力对绩效的积极作用。与预期相反，专家权力对绩效有负面作用，供应商数量会加强这个负面作用。

3. 前因变量—权力—结果变量

权力的前因变量近年来也受到了学者的关注，在早期对权力前因变量的研究主要集中在权力本身，即权力不对称性或一方使用权力对另一方的影响。近年来，权力的前因变量研究呈现出较多元的视角，例如，一些学者研究了我国特有的关系文化对权力使用的影响，还有些学者研究了关系演进、关系依赖、管理难度对权力使用的影响。

具体而言，一些学者从权力的角度研究了权力的前因变量。弗雷泽和萨默斯（Frazier and Summers，1986）研究发现，制造商拥有的权力会降低制造商对强制权力的使用；而制造商使用强制权力会提高分销商对强制权力的使用，制造商使用非强制权力时，分销商会减少对强制权力的使用。研究还发现，制造商使用强制权力会降低分销商的适应倾向、关系满意度，以及提高分销商考虑中断关系的可能性。非强制权力与强制权力的影响完全相反。类似地，基姆（Kim，2000）研究了权力不对称性和一方使用权力对另一方使用权力的影响。研究发现，权力不对称性对双边关系中强制权力的使用没有显著影响，但是在双边信任水平较高的情况下，权力不对称性显著降低强制权力的使用。他们的研究还发现，权力的使用存在“互惠”情况，供应商与分销商之间，一方使用强制权力会提高另一方使用强制权力，而一方使用非强制权力也会提高另一方使用非强制权力。与以往研究类似，研究还发现强制权力降低双边团结，而非强制权力提高双边团结。杜阿尔特和戴维斯（Duarte and Davies，2004）与前人的研究发现不同，在渠道关系中权力不对称存在的情况下，他们发现权力不对称会提高强制权力的使用，会降低非强制权力的使用。同时，非强制权力通过提高信任水平提高合作满意度，降低渠道冲突；非强制权力对信任没有显著影响，但是会提高渠道冲突。

一些学者研究了我国特有的关系文化对权力使用的影响。陈等（2011）在我国制造业背景下研究了制造商与供应商的关系对制造商非强制权力的影响。研究发现，制造商供应商关系显著提高制造商对非强制权力的使用。庄贵军和席酉民（2004）发现，私人关系对非强制权力的使用没有影响，但是会显著降低强制权力的使用。庄贵军等（2008）发现，关系营销导向正向影响非强制权力，负向影响强制权力。张闯等（2012b）发现，渠道关系中的亲密程度和互惠程度降低强制权力的使用，提高非强制权力的使用。但是，情感强度会提高强制权力的使用，对非强制权力没有影响。

庄等（Zhuang et al.，2010）在我国营销渠道管理中研究了权力大小和关系对企业权力使用的影响。研究发现，与跨边界者个人的情感紧密度会提高企业非强制权力的使用，会降低强制权力的使用。与跨边界者的交互状态会同时提高企业的强制权力和非强制权力的使用。研究同时表明，当企业拥有的权力更大时，企业会提高非强制权力的使用，而降低强制权力的使用。此外，非强制权力会提高合作，但是对冲突没有影响；强制权力会降低合作，并提高冲突。

张闯和杜楠（2012）发现，制造商的社会资本会提高制造商的权力使用，进而提高经销商对制造商的依赖。

米汉和赖特（Meehan and Wright，2013）研究了在买卖双方关系发生演变的过程中，双方对权力使用发生了怎样的变化。研究发现，随着合作双方的关系从建立、认可，到深度合作的演进中，买方对权力使用的优先级并没有发生显著变化，但是对于卖方而言，关系新建立时与深度合作时权力使用的优先级发生变化。总体来看，关系发展阶段对权力的使用影响不大。

汉德利和本顿（2012b）研究了在外包关系中，哪些关系因素会影响买方对媒介权力的使用。研究发现，转换难度和供方市场稳固程度降低买方对媒介权力的依赖，而合同管理的难度提高买方对媒介权力的依赖。研究还发现，这三个因素对买方对非媒介权力的使用作用正好相反。

寿等（Shou et al.，2013）以我国扬子江地区的企业为研究对象，分析了企业所拥有的资源与企业权力之间的关系并提出，整体来讲企业拥有的财务资源越多，它们在渠道控制和信息控制上拥有更多权力；企业拥有的创新资源越多，它们在价格、库存、运营和整体控制上拥有更多权力。对供应商企业而言，企业拥有的人力资源越多，它们在渠道上拥有更多权力；企业拥有的创新资源越多，它们在价格和库存控制上拥有更多权力；对买方企业而言，买方企业拥有的财务资源越多，它们在信息控制上拥有更多权力；拥有的组织资源越多，它们在运营控制上拥有更多权力。研究揭示了不同资源与权力之间的对应关系。

4. 权力的不对称研究

学者们普遍认为，在供应链关系中，买卖双方所拥有的权力是不对称的。近年来有大量学者使用案例分析的方法研究了权力不对称如何影响供应链关系。

在不对称权力对合作关系影响的研究中，卡赫科宁（Kaehkonen，2014）通过案例研究指出，网络成员的权力会影响权力的形成以及合作的深度，但是当成员的关系位置不平衡时，权力对合作的影响很小。类似地，契柯桑德（Chicksand，2015）使用五个案例分析的方法研究了权力不对称性对买卖双方之间合作关系的影响。研究指出，只有当买卖双方之间关系对等时，合作关系最可能成功。与此相反，欣利（Hingley，2005）使用基于英国食物供应链的案例分析，研究发现在食物供应链中权力不对称问题普遍存在，高权力的一方会利用他的权力位置攫取更多利益，但是这种权力的不对等性对关系的影响并不是很大，很多合作关系都很持久。类似地，考恩等（Cowan et al.，2015）认为买卖双方中平衡的权力关系是一种理想状态，而权力不对等和利益分配不均匀才是目前企业间关系的主要特点。他们概念性地对权力的不对称性和利益分配不均进行分类，确定不同关系类型的特点：识别出利用型关系（权力大的一方使用更多强制权力，攫取更多利益）；忍受型关系（权力大的一方使用更多强制权力，但利益分配相对公平）；尴尬型关系（权力大的一方使用更多非强制权力，但攫取更多利益）；完美型关系（权力大的一方使用更多非强制权力，并且利益分配相对公平）。胡和肖（Hu and Sheu，2005）研究了渠道权力不对称性和强制权力的使用对渠道氛围和渠道团结的影响。研究发现，渠道权力不对称降低渠道团结，但是对渠道的和谐氛围有正向影响。不对称性也会提高非强制权力的使用，而非强制权力对渠道关系和谐和渠道团结都有积极作用。

在不对称关系如何影响信任的研究中，奎瓦斯等（Cuevas et al.，2015）通过对两个案例进行分析，研究了组织间关系中对称以及不对称的权力对信任的作用，以及目标一致性的中介作用。与以往研究不同，该研究发现不对称的关系居然可以提高企业间的信任水平，对称的关系反而降低信任水平，目标一致性在其中有中介作用。柯等（Ke et al.，2009）研究了权力大的企业想让他的交易伙伴实施电子供应链管理系统的背景下，权力大的企业使用媒介和非媒介两种权力对权力小的企业感知到的信任和受到的外部制度压力之间的关系。研究发现，媒介权力显著降低信任水平，对外部压力没有影响；而非媒介权力显著提升信任水平，并提高权力小的企业感知到的关于实施电子管理系统的外部压力。

在不对称权力如何影响供应链实践的研究中，图布利克等（Touboulic et al.，2014）使用案例分析的方法研究了权力对权力大的买方与两个权力小的供应商的关系的影响。研究发现，买方对供应商权力的使用会引起供应商的反抗，从而削弱长期实现供应链可持续性目标的可能性。类似地，霍杰莫斯等（Hoejmose et al.，2013）指出，均衡的权力关系，即双方依赖水平相当时有利于建立社会责任导向的供应链。

2.2.4　研究评述、不足及启示

1. 研究评述

权力是组织间关系管理中的重要概念，受到学者们的广泛关注。在组织间研究中，权力比公平更受重视。本节将从研究范式、理论基础、重点发现、发展趋势等对权力的研究做出评述。

第一，就研究范式而言，对权力的研究与对公平的研究类似，遵循“权力—反应”模式。再次充分说明公平与权力是社会交换理论两个重要的核心概念。对权力的结果变量的研究，也主要体现在认知层面，即信任、承诺、满意度（Ramaseshan et al.，2006；Zhao et al.，2008）等，在行为层面，表现为合作行为、知识共享、投机行为等（Chen et al.，2016；Nyaga et al.，2013）。

第二，就理论基础而言，虽然社会交换理论、交易成本理论和资源依赖理论都对权力的来源和作用具有一定的解释力，但是在对权力研究的文章中，对理论视角的采用并不多。只有个别文章使用了社会交换理论和资源基础理论对权力　作用进行解释，例如杨等（Yeung et al.，2009）以及特潘德和阿森鲍姆(2012)，大部分文章都没有使用理论视角（Benton and Maloni，2005；Handley and Benton，2012a；Leonidou et al.，2008）。有些学者认为权力本身就代表了一种权力—依赖理论，因此不需要额外的理论视角。本书认为，不同的理论视角对权力的作用可能做出不同的解释，因此建议未来的研究多思考权力在不同理论视角下的作用。

第三，就重点发现而言，无论权力分为强制权力、非强制权力还是分为媒介权力和非媒介权力，研究普遍发现强制权力和奖励权力会对关系带来负面影响，而专家权力、参考权力和法定权力会对关系带来正面影响（Chen et al.，2016；Nyaga et al.，2013；Ramaseshan et al.，2006；Zhao et al.，2008）。

第四，就发展趋势而言，以前对权力的研究关注一方使用权力对另一方的影响的直接作用。目前学术界对权力的研究主要呈现两个显著趋势：（1）探讨权力的权变作用，不少研究从组织间关系因素的角度研究了承诺、关系规范、依赖对权力作用的影响（Brown et al.，2009；Chen et al.，2016）；（2）探讨权力不对称对权力使用及合作关系的影响，但是目前的研究还以案例分析为主

(Hoejmose et al. , 2013; Touboulic et al. , 2014)。

2. 研究不足

第一，供应链权力的研究中，就其前因变量而言，研究尚处于起步阶段，缺少更广泛的视角。不少学者指出拥有权力与使用权力不同（Chen et al. , 2016; Kumar, 2005)，也就是说，企业对权力的使用受多方因素的影响。目前对权力前因变量的研究，主要集中在权力本身因素（拥有权力的大小和权力不对称性)、资源、关系属性（依赖）等，都是与权力直接相关的变量，因此对于企业在合作中为何和如何使用权力的理解尚不充分。因此，需要从更广泛的视角探究影响权力使用的前因变量。

第二，供应链背景下对权力如何影响投机的研究较少，且尚未达成一致结论。目前就本书的文献综述来看，研究权力对投机作用的文章只有几篇，并且研究结论也不一致。约翰（1984）以及汉德利和本顿（2012a）发现奖励权力和强制权力提高投机行为；专家、法定和参考权力降低投机行为，但是布朗等（2009）发现强制权力可以提高投机行为，但是非强制权力对于投机行为没有影响。因此，在供应链背景下，需要更有研究探讨权力对投机行为的作用。

第三，供应链权力的研究中，就其权变因素而言，缺乏环境视角。学术界对权力权变作用的研究还处于起步阶段，目前仅有的几篇文章中调节因素主要集中在组织间因素中，包括关系因素（例如依赖、承诺和关系规范）和结构因素（例如供应商网络和供应商营业额占比)，这些研究对于理解权力的作用提供了新的视角，但是仅仅研究组织间因素对权力的影响，不足以深刻理解权力的作用。任何组织都处于一定特征环境中，本书认为可以从环境视角研究组织所处的环境特征对权力作用的影响。

3. 研究启示

第一，现有研究对权力前因变量的关注虽然局限在权力属性、关系属性等这些与权力直接相关的变量上面，但是这些研究表明组织间因素会对权力的使用产生影响。因此，受此启发，本书将研究公平这个重要的组织间关系变量，对权力使用的影响。具体而言，公平描述了供应链合作中成员在态度、参与度和权益方面被对待的方式，权力描述了供应链成员自己表达态度、表达意愿和争取权益的方式。从这个角度来讲，当供应链成员被不公平对待时，他们可以通过使用权力的方式来平衡和应对不公平的待遇。

第二，现有研究对权力权变因素的研究虽然局限在组织间层面，关注关系因素和结构因素对权力作用的影响，但这些研究充分揭示了权力权变作用的存在，即在不同的情境下，权力作用的大小、积极、消极属性都会发生变化。同时，权变作用的存在也是权力—投机之间研究结论不一致的可能原因之一。因此，受此启发，本书将探讨在权力对投机的影响路径中的权变作用。特别地，本书从法律环境不确定性和市场环境不确定性的环境视角研究权力的权变作用。事实上，企业不仅处在微观的组织间网络中，也处在更加宏观的制度和市场环境中，不同层级的环境对权力的影响可能不同。因此，从宏观环境视角研究权力对投机的作用，对于理解权力的权变作用提供了更加完善的视角。

2.3　组织间关系治理的文献综述

交易成本理论认为投机行为是交易关系的一个显著特征（Williamson，1985）。不同的理论视角下关系治理的机制不同。本节将首先综述不同理论视角下的关系治理及其重要发现，其次指出对投机行为研究新的发展趋势，最后对目前关于投机行为的研究进行评述。

2.3.1　不同理论视角下的关系治理

通常认为组织间关系治理的机制有两种：一种是基于交易成本理论的以合同为代表的正式的治理手段；还有一种是基于社会交换理论的以信任为代表的非正式的治理手段（Heide and John，1992；Hoetker and Mellewigt，2009；Poppo and Zenger，2002；Wathne and Heide，2000）。本节内容先对两种理论视角进行简单介绍，然后对关系治理的研究进行综述。

1. 交易成本理论及正式治理机制

交易成本理论主张使用最经济最合适的治理手段来控制由于不确定性和专项投资引起的潜在的投机行为（Williamson，1985）。在没有专项资产的时候，根据交易成本理论，市场手段是最好的治理机制，由于其低成本和高的绩效激励。但是专项资产的出现使得企业更换交易伙伴的成本变得很大，导致市场手段失效。因此，在交易双方有专项投资，即合作关系较深入的情况下，交易成本理论倾向于非市场的治理手段，在专项投资存在的情况下，合同被认为是最有效的非市场治理机制（Cannon et al.，2000；Carson et al.，2006；Lusch and Brown，1996）。

2. 社会交换理论及非正式治理机制

虽然合同在治理投机时有一定效用，但是它不能涵盖组织交易关系中的方方面面，特别是在当今环境剧烈变化的形势下，合同的效用就更有限了（Cannon et al.，2000；Poppo and Zenger，2002）。在这种情况下，关系视角的治理机制被提了出来（Goo et al.，2009）。

社会交换理论认为信任对稳定的社会关系非常重要（Blau，1964；Emerson，1976）。其基本观点是交易成员被可能获得的奖励而激励，进而参与到社会交换中。社会交换区别于经济交换的显著特征是社会交换中存在潜在的义务和互惠原则（Cropanzano and Mitchell，2005）。当 A 对 B 在态度和行为上示好时，A 不知道 B 何时会对它做出积极回馈，但根据互惠原则，A 相信 B 最终一定会做出积极回馈的。由此可见，根据社会交换理论，信任是驱动互惠原则的基础，是交易关系得以进行下去的原因，因此可以作为一种有效的工具治理投机（Huang et al.，2014；Liu et al.，2009）。

3. 两种传统治理机制的关系

由于交易成本理论和社会交换理论对于交易关系都有很强的解释力，基于这两个视角下的治理机制都被认为是非常有效的控制投机的手段。但是学术界关于两种治理机制之间的关系没有停止过辩论，一些学者认为两种手段各有所长，因此是互补关系，换言之，使用其中一种治理手段，会提高另一种治理手段的效用（Liu et al.，2009；Poppo and Zenger，2002）；还有一些学者认为两种治理机制之间是替代作用，换言之，使用其中一种治理手段，会降低另一种治理手段的效用（Huber et al.，2013；Lui and Ngo，2004）。具体而言，围绕这两种治理手段之间的关系，学术发现主要体现在以下几个方面：

就正式与非正式手段的直接关系而言，伯克特等（Burkert et al.，2012）以及查特里纳和兰德塔（Charterina and Landeta，2010）发现，合同可以提高信任水平，相反，德蓉和任尔豪斯（De Jong and Woolthuis，2008）发现合同的使用会降低信任；马尔霍特拉和鲁米诺（Malhotra and Lumineau, 2011）发现，对合同的控制提高能力信任，但是降低善意信任；德鲁弗和鲍曼（De Reuver and Bouwman, 2012）发现，信任水平会降低合同的使用。还有一些学者发现，合同与关系机制（包括信任）之间没有直接关系（Handfield and Bechtel, 2002; Lusch and Brown, 1996）。

就正式与非正式手段的相对作用而言，福格森等（Ferguson et al., 2005）以及李和卡夫斯基（Lee and Cavusgil, 2006）发现关系机制比合同机制在提高绩效方面更有效。吴等（Wu et al., 2007）发现在信任、合同、知识共享中，信任是唯一有效的治理手段。席尔克和库克（Schilke and Cook, 2015）认为，在名声不高时，合同更有效。卡森等（Carson et al., 2006）提出两种治理手段各有优缺点，在环境波动较大的情况下，关系治理机制比合同治理机制更有效，在模糊的环境中，合同治理机制比关系治理机制更有效。王立磊等（2015）发现，当感知到的供应商的关系取向为情感性帮忙关系时，关系机制比合同机制对于抑制分销商的投机行为更有效；当感知到的供应商的关系取向为工具性帮忙关系时，合同机制比关系机制更有效。

就二者之间的交互作用而言，学者们发现在控制投机（Zhou and Xu, 2012）、提高关系绩效（Yang et al., 2012; Zhao and Wang, 2011）、知识转移（Yang et al., 2012; Zhao and Wang, 2011）、提高生产率（Mesquita and Brush, 2008）时，合同机制和关系机制之间有互补作用；在提高满意度（Rai et al., 2012）和解释经济绩效（Chen et al., 2013）时，合同机制和关系机制之间有替代作用。谈毅和慕继丰（2008）概念性地提出在快速变化的动态环境下，关系机制有利于合同的制定和实施，二者是互补关系。任星耀等（2012）提出，关系机制会强化合同机制对积极机会主义的约束力。周茵等（2015）认为，只有关系机制和合同机制同时使用时才能降低制造商与经销商双方的投机行为。类似地，彭本红等（2016）发现，同时使用关系机制和合同机制对绩效的提升效果最好。

2.3.2 组织间投机行为的研究现状

1. 传统治理机制以外控制投机的因素

虽然合同机制和关系机制已经被认为是两种有效的治理手段（Cao and Lumineau, 2015; Poppo and Zenger, 2002; Zhou and Poppo, 2010)，但是学术界对控制投机的探索并没有停止脚步。学者们开始探索传统治理方式以外的治理方式。

在关系治理领域，传统的治理方式包括合同、关系规范和信任。但是越来越多的学者开始从更广泛的角度探索其他有效的手段治理投机。比如，张闯等（2012a）和罗（2007c）研究发现，程序公平和分配公平对于降低投机行为具有非常显著的作用。李苗等（2013）发现，企业之间共同制定计划和共同解决问题有利于降低投机行为。

摩根等（Morgan et al., 2007）探索了依赖和监管对投机的影响。研究发现，与预测相反，供应商和分销商对对方的依赖都不会提高对方的投机行为，但是分销商的监管能力而非惩罚能力会显著降低供应商的投机行为。海德等（Heide et al., 2007）也研究了监管对投机行为的影响。他们将监管分为行为监管和结果监管，研究发现，对于结果进行监管能够降低成员的投机行为，而对于过程进行监管，会提高投机行为。

林德弗莱施等（Rindfleisch et al., 2010）概念性地论证了交流可以作为一种控制投机的手段。哈特曼和赫伯（Hartmann and Herb, 2014）研究了社会资本的三个维度如何降低投机行为。研究发现，结构资本能够提高合作双方之间的信息流，降低行为和信息模糊性；关系资本同时会降低模糊性以及买方的依赖；认知资本能够提高关系规范对投机的控制作用。如前文所述（对权力文献的总结），也有一些学者研究了权力对投机的作用（Brown et al., 2009; Handley and Benton, 2012a）。

2. 提高投机行为的因素研究

除了对控制投机行为的研究，学术界还有少部分学者探讨了哪些因素会提高投机行为。在宏观环境层面，斯卡米亚斯等（Skarmeas et al., 2002）和罗（2007a）研究发现，环境不稳定性（environmental volatility）会提高投机。李（1998）发现，联盟双方的文化距离会提高提高。

在微观层面，李（1998）还发现决策制定的不确定性会提高投机。席林和圣仕玛（Schilling and Steensma, 2002）发现，组织间交易时技术的难以模仿性会提高对方投机行为的感知。摩根等（2007）发现，在分销商的分类管理中，供应商的影响力越大，供应商投机的可能性越高。刘等（2014）发现，企业的专项资产投资会提高交易伙伴的投机行为。类似地，王等（2013）认为，交易成本理论视角下的专项投资和行为不确定性都会提高投机行为。

3. 新的研究趋势

在当今更加动态的商业环境中，关系管理受到了越来越多的关注。近年来，对投机的研究呈现出新的趋势：

学者们开始关注治理手段的权变作用。例如，在组织间层面的调节变量中，霍特克和梅尔维格（Hoetker and Mellewigt，2009）研究了企业在联盟中资产投入类型的不同会影响控制手段的效用。当企业在联盟中投入了实体类型的资产，正式的治理手段更有效；当企业在联盟中投入了知识相关的资产，非正式的治理手段更有效。

在外部环境层面的调节变量中，在卡森等（2006）研究在不同的不确定环境下关系机制和合同机制的作用有何不同。研究发现，在不稳定的环境中，关系机制比合同机制对控制投机的作用更大；而在模糊的外部环境中，合同机制比关系机制对投机的作用更大。

阿布迪和奥拉克（Abdi and Aulakh，2012）研究了交易关系双方所在国家的法律环境差异（正式制度距离）和文化环境差异（非正式制度距离）对治理机制的影响。研究发现，在影响交易绩效时，关系机制与文化环境差异是替代关系，而合同机制与法律环境差异是替代关系。

白等（Bai et al.，2016）研究了政府单边支持和法律执行力度对合同与冲突之间关系的调节作用。研究发现，当法律执行力度高时，基于结果的合同对冲突的降低作用加强，基于行为的合同对冲突的提升作用减弱。在政府单边支持高的情况下，基于结果的合同对冲突的降低作用减弱，基于行为的合同对冲突的提升作用加强。

卡夫斯基等（2004）研究了法律敌对环境对供应商管理国际合作的分销商的投机的影响。研究发现，在法律低度敌对的情况下，合同和信任都可以降低分销商投机；在法律高度敌对的情况下，只有信任可以降低分销商投机，合同的使用反而提高分销商的投机行为。

2.3.3 研究评述、不足及启示

1. 研究评述

投机行为在任何一种交易关系中都可能出现，因此一直是组织间关系研究的学者关注的重点，在战略（例，Hoetker and Mellewigt，2009；Poppo and Zenger，2002）、市场营销（例，Heide and John，1992；Wathne and Heide，2000）和供应链管理（例，Liu et al.，2009）中都受到广泛关注。本节将从研究范式、理论基础和重点发现三个方面对投机行为的研究进行评述。

第一，就研究范式而言，目前对投机行为的研究主要遵循“治理机制—投机行为”的模式，即研究不同的治理手段如何有效地控制投机行为。主流的控制投机行为的手段可以分为以合同为代表的正式治理机制和以信任为代表的非正式治理机制。学者们通过将合同和信任进行细致的维度划分研究他们对投机行为的直接作用和交互作用（Zhou and Xu，2012）。部分学者探索了传统治理手段之外的因素对投机行为的影响，例如公平（Luo，2007c）、交流（Rindfleisch et al.，2010）等。还有一些学者关注哪些因素会提高投机行为，这部分研究还比较少，不是主流。

第二，就理论基础而言，对投机行为的研究主要基于两个理论视角：交易成本理论和社会交换理论。交易成本理论主张企业选取最合适、最经济的手段治理投机，合同机制就是基于交易成本理论的治理手段。社会交换理论主张采取关系机制控制投机，按照互惠原则，一方对另一方表达信任时，另一方作为回馈会减少投机行为。这两个理论下，治理手段对投机行为的作用机制不同。因此，也为在不同情境下研究治理治理手段的权变作用提供了理论视角。

第三，就重点发现而言，研究普遍发现关系和合同机制对于降低投机行为都有显著作用，一些学者认为两种手段是替代作用（Huber et al.，2013；Lui and Ngo，2004），一些学者认为两种手段是互补作用（Poppo and Zenger，2002），还有一些学者认为两种手段是独立作用，各有利弊（Carson et al.，2006）。此外，部分学者发现非正式的控制手段，例如监管、公平、权力等对投机行为也有抑制作用（Morgan et al.，2007）。一些环境和组织变量也可能是提高投机的潜在因素（Wang et al.，2013）。

2. 研究不足

第一，在供应链上对投机行为的研究，尚不清楚行为不确定性和环境不确定性对提高投机行为的直接与交互作用。虽然有一些研究从环境和组织层面分析了可能影响投机行为的因素，但是研究还不够充分。没有研究同时考虑法律环境和市场环境的不确定性对投机的影响，更没有研究同时考虑行为不确定性和环境不确定性对投机行为的影响。交易成本理论认为，不确定性是企业需要进行控制投机的首要原因。但是不确定性分为行为不确定性和环境不确定性，目前的研究尚不清楚行为和环境两种不确定性对投机行为的影响是否不同，以及两种不确定性是否存在交互作用。

第二，供应链上对投机行为的研究，对非强制权力作为关系机制缺乏统一认知，对其权变作用缺乏研究。就目前本书的综述来讲，研究关系治理的权变作用已经成为新的研究趋势。但是大部分考虑环境变量的研究，主要关注环境变量对传统治理方式的权变作用，例如卡夫斯基等（2004）、阿布迪和奥拉克（2012）、白等（2016）以及卡森等（2006）都关注制度或市场环境对关系和合同机制作用的影响。但是，目前的研究中，还没有考虑环境因素对传统治理手段之外的治理方式，例如非强制权力的权变作用。

3. 研究启示

第一，根据交易成本理论，行为不确定和环境不确定都会引起投机行为。同时，王等（2013）通过实证研究发现行为不确定性会提高投机行为；罗（2007a）发现环境不稳定性也会提高投机行为。因此，根据交易成本理论和前人文献，本书将同时研究行为不确定性和环境不确定性对投机行为的影响；更重要的是，本书将探索两种不确定性之间的交互作用，即一种不确定性的出现是否会让另一种不确定性变得更加有害。具体而言，通过对权力文献的综述，本书发现，强制权力由于其惩罚和威胁的属性，当强制权力被使用时，接收权力的一方不清楚对方是否要继续维持合作，因此，强制权力是一种高度不确定的行为。本书将探索强制权力这种不确定性行为与环境不确定性对投机的直接和交互作用。

第二，前人研究指出，交流、公平和社会资本都可以作为有效的机制治理投机（Luo，2007c），也有部分权力的研究指出非媒介权力对控制投机有显著作用（Handley and Benton, 2012a）。受此启发，本书将非强制权力作为一种治理手段研究其对投机的作用。同时，制度和市场环境因素被证实对关系和合同机制有显著的调节作用。本书认为，虽然非强制权力不是传统的关系机制，但是非强制权力可以显著提高信任（Pulles et al. , 2014），因此，可以将非强制权力作为一种非正式的关系机制，它的作用可能也会受到外部环境的影响。综上，本书将探讨非强制权力对投机的控制作用以及它在不同环境下的权变作用。

第3章　供应链公平、权力与投机的探索性案例研究

本章将使用探索性案例研究的方法，对供应商与制造商之间的公平、权力和投机之间的关系进行初步的探究，为正式的研究奠定现实基础。本章将遵循探索性案例的一般研究步骤：理论预设、案例选择、数据收集、案例分析和形成假设等步骤回答以下研究问题：（1）供应商的公平如何影响制造商使用权力？（2）制造商使用权力如何影响供应商投机？

3.1　理论预设

尹（Yin，2013）指出，要想提高案例研究的效率和准确性，在案例开始之前需要对变量之间的关系进行理论预设。艾森哈特（Eisenhardt，1989）将理论预设称之为清楚界定研究问题。由于案例研究是通过对企业现象分析和归纳得出结论，如果没有清楚的理论预设和研究问题，研究者往往迷失在错综复杂的企业现象里面，导致案例研究效率低质量差。因此，在开始案例设计之前先对公平权力和投机之间的关系进行理论预设。

应对变量进行清晰的维度和概念界定。根据前人研究，在供应链背景下，公平也可以分为三个维度：分配公平、程序公平和互动公平（Luo et al.，2015；Narasimhan et al.，2013）。具体到供应商与制造商之间的关系，分配公平是指相对于制造商在与供应商的合作中投入的资源、承诺和承担的责任而言，制造商从合作中获得的收益是公平的（Luo，2007b）。程序公平是指在与供应商合作

中，制造商可以参与到供应链决策制定的过程，制造商感知到供应商对待所有制造商的态度是公平无偏的（Luo，2007b）。互动公平是指制造商在与供应商合作过程中受到公平的人际待遇，主要表现在被礼貌、诚实和体面地对待以及对于决策如何制定和政策发生任何改变时享有知情权的程度（Luo，2007b）。

本书关注制造商使用的两种权力：非强制权力和强制权力。非强制权力是指制造商使用专家、规范或者奖励的方式影响供应商（Ireland and Webb，2007）。强制权力是指制造商为了避免负面结果或者获取更多利益，使用惩罚或者威胁的方式影响供应商（Molm，1997）。投机行为是指供应商通过欺骗制造商，如夸大产能、虚假承诺等方式为自己谋取更多利益（Williamson，1975）。

组织行为学领域的研究普遍认为，公平会提高员工的组织公民行为，降低员工的反生产力工作行为（Colquitt，2001；Colquitt et al.，2013）。本书认为，在供应链领域，非强制权力采用帮助和支持的方式对供应商产生影响（Brown et al.，2009；Frazier and Summers，1986），是制造商对供应商的职责外的行为，因此可以把非强制权力看成供应链导向的公民行为。而强制权力的使用往往会对供应商造成直接的经济损失（Anderson and Narus，1990），因此强制权力可以看成反生产力工作行为。根据以往研究，可以认为供应商公平会影响制造商权力的使用。

非强制权力的使用对供应商是一种帮助和支持（Ireland and Webb，2007），可能会引起供应商积极的反馈。强制权力通过惩罚和威胁的方式影响供应商，并会对供应商造成直接的经济损失（Anderson and Narus，1990），古玛（1996）指出，在合作关系中一方使用太多强制权力，可能会引起另一方的报复行为。因此，制造商权力的使用会影响供应商的投机行为。

3.2 研究设计

3.2.1 案例选择

案例选择是案例研究中很重要的一环，在一定程度上会影响整体案例研究的信度和效度（陈晓萍等，2008）。由于本章目的是探索性地研究公平、权力和投机之间的关系，因此，使用多案例研究比较合适，因为多案例所得结论比单案例设计更有推广性，可以同时找到正面和反面的证据，还可以用每个案例对其他案例得出的结论进行验证（Eisenhardt, 1989）。

在确定了多案例的研究方法之后，需要考虑案例抽样的问题。一般来讲，探索性案例研究大多采用理论抽样（theoretical sampling）的方式进行案例抽样（陈晓萍等，2008）。理论抽样是指根据理论目的而选择案例（Glaser and Strauss, 2009），与研究对象、研究问题和研究目的相关的抽样方法。这里选取了长三角一带两家在行业内排名中上的制造企业作为研究对象，排名中上说明企业在行业和供应链上权力位置较高，使用权力的机会较多。由于研究中涉及的公平和投机问题较敏感，因此案例分析对研究对象进行匿名处理。具体而言，两家样本企业分别是机械制造商 Q 公司和电子产品制造商 K 公司。

3.2.2　数据收集和编码

案例研究一般为了信度和效度，会采用多元方法来搜集数据。常用的定性的收集数据的方法包括深度访谈、直接观察和文件调阅等方式（Patton, 1987）。由于涉及的公平感知和投机行为都是很难在现场观察到的现象，因此主要采用深度访谈和文件调阅的方式收集数据。深度访谈可细分为非结构化访谈和半结构化访谈两种。非结构化访谈中，没有事先准备好的访谈提纲，允许受访者畅所欲言。这种方法难以对受访者进行控制，导致受访者偏离主题。在半结构化的访谈中，研究者会根据研究问题和研究目的准备一份详细的访谈提纲，根据访谈提纲对受访者发问，这种方法比较聚焦，访谈效率较高，便于收集资料。本书采用半结构化访谈和文件调阅的方式对样本企业进行收集资料。

具体来讲，根据前人文献，准备了详细的访谈提纲，与两家样本企业的供应链经理或采购经理通过面对面的方式进行访谈。在见面之前，先把访谈提纲发给两位经理，让他们对访谈内容有大致的了解。与 Q 公司经理的访谈历时 70 分钟，与 K 公司经理的访谈历时 80 分钟。在访谈过程中，研究者对访谈内容进行了录音。在访谈之后，研究者询问了公司的网址，通过网上查询资料的方式对访谈内容进行补充。

在访谈之后，研究者先根据录音资料将访谈内容整理成文本。然后依据理论预设和研究框架将文本的段落进行拆分和编码（Yan and Gray, 1994）。在本书中，根据理论框架将所有的数据编码成六个类别：（1）制造商感知到的分配公平；（2）制造商感知到的程序公平；（3）制造商感知到的互动公平；（4）制造商使用强制权力；（5）制造商使用非强制权力；（6）供应商投机行为。举例来讲，当供应链经理讲到“遇到政策变化时，我们都会通过协商的方式讨论解决方案”，这句话将被编码为制造商感知到的程序公平；“我们会派技术人员去供应商现场指导技术问题”将被编码为制造商使用非强制权力。将文本按照理论框架进行编码之后，就可以对变量之间的关系进行分析了。

3.3 案例分析

3.3.1 案例企业简介

对两家案例企业的公司简介总结为表 3.1 所示。两家企业虽然都是中外合资企业，但是企业的生产总部、供应商网络均位于中国境内。因此，案例企业可以作为典型案例用来分析中国制造企业供应链上的公平、权力和投机行为的框架。

表 3.1　　案例企业基本信息简介

	机械制造商 Q 公司	电子产品制造商 K 公司
公司基本信息		
成立年份	2007 年	1995 年
公司位置	杭州	宁波
主营业务	蜗轮减速机、齿轮减速机	电声产品、安防产品、小家电
员工人数	110 人	700 人
年销售额	1.16 亿元人民币	2 亿元人民币
行业地位	中等	领先
供应商总数	81 家	200 家
与主要供应商合作信息		
合作时间	8 年	10 年
采购额度	81%	65%
替换难度	相对较难	不容易
合作关系打分	80 分	80 分
关系满意之处	总体配合与交货较好	整体较满意
不满意之处	质量问题时有发生	反应和交付有时配合不够好

注：主要供应商是指在制造商的采购总额度中所占比例最大的供应商。

本书重点关注案例企业与它们的主要供应商在合作过程中关系管理的问题，因此，对案例其他的基本信息不做详细论述。但是，案例企业与主要供应商的合作关系对于理解它们之间公平、权力和投机的互动非常重要。因此，本节对两个案例企业分别与它们主要供应商的合作关系，以及案例企业的供应链经理或采购经理与主要供应商的关系进行简单的信息描述（见表3.1）。

从表3.1中可以看出，两家案例企业与主要供应商的合作时间都比较长，分别为8年和10年，并且主要供应商在采购总额中所占比例都很高，分别为81%和65%，说明制造商企业与主要供应商的合作关系都非常稳定。此外，两个案例企业都表示在市场中很难寻找到可以替换目前主要供应商的其他供应商，说明制造商企业对供应商的依赖较高。虽然对主要供应商的依赖较高，但是由于长期合作关系中的磨合，两家案例企业的供应链经理对整体合作关系都打了比较高的80分。Q公司表示对主要供应商在整体配合与交货及时性上比较满意，但是主要供应商还是不时地出现质量问题。K公司表示对主要供应商整体上比较满意，但还是会出现配合不好或交货不及时的情况。

通过对案例企业与主要供应商合作关系的描述，可以看出企业与主要供应商都已经进入比较稳定的合作阶段，因此，这个时候表现出来的公平、权力和投机行为变异更少，对于他们之间的关系可以得出比较稳定的结论。

3.3.2 案例内分析

1. 供应商公平

（1）机械制造商Q公司。由于Q公司对主要供应商依赖过高，对主要供应商的采购额占到总采购额的81%，Q公司的供应链经理感觉主要供应商对他们只是基本公平。Q公司的供应链经理讲到，“在与供应商的合作中，有一套较好的成本核算体系，与主要供应商的其他客户相比，我觉得我们从合作关系中所获得的收益基本公平”。此外，Q公司的供应链经理认为由于对供应商的采购额度较高，非常重视与他们的合作，也会考虑整条供应链的竞争力，因此在合作中投入较多。但是相对于投入，从供应商合作关系中获得的收益只能算基本公平。

Q公司的供应链经理认为，当遇到原材料大幅涨价，供应商需要调整价格时，调整价格的幅度会与他们进行协商。但是在遇到其他政策改变时，供应商对待他们的态度为“尊重一部分”。也就是说，Q 公司只可以在一些方面享受到供应商的程序公平，而在另一些事情或政策上无法享受到程序公平。

Q 公司的供应链经理表示，由于供应商的业务结构所致，他们在与供应商的合作过程中“大部分是受到足够的尊重的，但小部分还是有些不足的”。但经理人同时表示，他与主要供应商的业务代表个人关系较好，在个人层面的交互中，业务代表的态度还是很好的，还是能受到足够尊重的。

（2）电子制造商 K 公司。K 公司由于处于行业领先位置，对主要供应商的依赖也不是特别高，因此，K 公司权力位置相对较高，供应链经理觉得主要供应商对他们很公平。K 公司的供应链经理表示，“基本上他们不需要对供应商进行投入，因此相对于投入水平，所得的收益是公平的”，他们还表示，“供应商提供的价格水平令他们很满意，因此他们觉得与主要供应商的其他客户相比，从合作中获得的收益是公平的”。

K 公司的供应链经理表示在合作过程中出现任何政策变动时，都需要协商解决，主要供应商不可能独断专行。此外，他还表示合作过程中如果出现纠纷或问题，“有明确详细的流程为依据”，主要供应商会按照这个流程规定对待所有的客户。因此，K 公司的供应链经理感觉他们在合作过程中很有话语权。

K 公司的经理人表示他与主要供应商的业务代表的个人关系一般，但是在合作过程中，主要供应商的业务代表对他的态度很好很尊重。在公司层面，主要供应商对他们公司也足够尊重。

2. 制造商权力使用

（1）机械制造商 Q 公司。Q 公司的供应链经理表示，当他们想让主要供应商满足自己的要求时或想让他们达到某个目标时，主要通过“商务洽谈”的方式达成，一般不会对供应商进行威胁和惩罚。当需要对供应商采取强制手段时，会遵照明确的条款，例如，供应商物料延期，需要延期扣款；供应商出现质量问题，需要供应商无条件索赔等。此外，Q 公司推行“战备供应商培养”的供应链政策，对于供应商的质量问题，会与供应商进行共同整治，会对供应商进行专家指导，去供应商处指导解决问题。

（2）电子制造商 K 公司。K 公司的经理人表示，他们主要通过电话沟通或见面沟通的方式让主要供应商满足自己的要求，不会使用威胁或惩罚的方式对待主要供应商。此外，他们会经常向供应商提供有利于供应商发展的建议，例如“把市场上出现的新工艺新设备告知供应商”或者“派技术人员去供应商现场指导技术问题”。

3. 供应商投机行为

（1）机械制造商 Q 公司。Q 公司的供应链经理认为，“我们的主要供应商是长期合作的，哪怕是新供应商也是需要长期合作考虑的，在这种情况下，重要信息是无法长期被隐瞒的”。但是他们同时认为，供应商夸大产能或做出无法兑现的承诺的情况还是可能会发生，只是会比较少。

（2）电子制造商 K 公司。K 公司的供应链经理很自信地认为他们的主要供应商不会做出投机行为。因为与主要供应商有长达 10 年的合作，基本的信任还是存在的。主要供应商将 K 公司当成了战略合作伙伴关系，不会做损害对方利益的行为。

3.3.3　案例间比较分析与命题提出

Q 公司和 K 公司的公平、权力和投机的情况总结如表 3.2 所示。通过对两家公司的案例间比较分析，提出相应的研究命题。

表 3.2　　公平、权力和投机的案例间比较分析

	机械制造商 Q 公司	电子产品制造商 K 公司
供应商公平		
分配公平	“合作关系中所获得的收益基本公平”	“所得的收益是公平的”
程序公平	政策改变时“尊重一部分”	“有明确详细的流程为依据”
互动公平	“大部分是受到足够的尊重的”	“态度很好很尊重”
制造商使用权力		
非强制权力	“会对供应商进行专家指导 ”	“经常向供应商提供有利于供应商发展的建议 ”
强制权力	“一般不会对供应商进行威胁和惩罚”	“不会使用威胁或惩罚的方式对待供应商”
供应商投机		
投机行为	比较少	不会；“战略关系”

1. 公平对权力的影响

通过对两家案例公司公平和权力的对比分析，发现供应商的公平会影响制造商的权力使用。

从表3.2中可以看出，对于Q公司来讲，Q公司感受到的三种公平都处于一般水平，这时，Q公司对于非强制权力的使用不是很频繁，而会在一定程度上使用强制权力。对于K公司来讲，K公司感受到的三种公平都处于很高的水平，这时，K公司会经常对主要供应商使用非强制权力，对主要供应商提供帮助，同时，不会对主要供应商使用强制权力。因此，本书提出以下研究命题：

命题1：供应商的分配/程序/互动公平越高，制造商非强制权力使用得越多。

命题2：供应商的分配、程序、互动公平越高，制造商强制权力使用的越少。

2. 权力对投机行为的影响

从表3.2可以看出，对于Q公司来讲，制造商会在一定程度使用强制权力，对非强制权力的使用处于一般水平，这时，供应商会发生投机行为，虽然比较少。但是对于K公司来讲，制造商不会对供应商使用强制权力，但是经常对供应商使用非强制权力，给予供应商帮助，这时，主要供应商不会出现投机行为。因此，基于案例间对比分析，本书提出以下命题：

命题3：制造商非强制权力使用得越多，供应商投机行为越少。

命题4：制造商强制权力使用得越多，供应商投机行为越多。

第 4 章　概念模型与假设

前文通过文献综述和探索性案例分析已经基本明确供应链上公平、权力、不确定性和投机之间的关系的理论基础和实践基础。本章将通过对公平和权力的维度进行细分提出相关假设，探索公平的不同维度如何影响权力；不同类型的权力和不同类型的环境不确定性对投机的作用有何不同；以及不同类型的权力在不同环境因素下对投机的作用是否不同。最后，本章采用结构化的视角提出有关公平和权力存在的模式及其不同作用的假设。

4.1　公平对权力的影响机制

在供应链管理领域，对公平理论的应用较少，本书采用三因素公平理论，即研究分配公平、程序公平和互动公平对权力的影响。具体而言，公正理论解释分配公平对权力的作用；工具性视角解释程序公平对权力的作用；关系视角解释互动公平对权力的作用。

4.1.1　分配公平与权力

在供应链买卖双方背景下研究供应商对制造商的公平，即制造商感知到的供应商公平对制造商使用权力的影响。具体而言，在买卖双方背景下，分配公平是指相对于制造商在与供应商的合作中投入的资源、承诺和承担的责任而言，制造商从合作关系中获得的收益是公平的。

公正理论指出，个体判断结果是否公平的方法是将个人的投入（如教育、才智和经历）与产出（如薪水、奖励、惩罚、资源等）比率与别人的投入产出比率进行对比，当投入多的一方获得的回报也多时，分配公平就实现了。当比率不均衡时，过度奖赏的一方会感觉内疚，而被低度奖赏的一方会感觉愤怒。之后，个体会根据比率的公平与否调整自己的投入和付出，从而达到一个心理上比率相对公平的状态（Adams，1965）。简单来讲，在供应链背景下，当制造商感觉分配公平时，就会对合作关系中投入更多努力和承诺，以期望获得更多回报，同时会减少对合作关系的负面行为，因为这样会损害到自己获得的回报。因此，根据公正理论，供应商分配公平会影响制造商对非强制权力和强制权力的使用。

1. 分配公平对非强制权力的作用

供应商对制造商的分配公平会提高制造商对非强制权力的使用。

第一，根据公正理论，当制造商对分配结果感到公平时，制造商会认为在与供应商的合作关系中，付出越多，从合作关系中收获的利益越多（Adams，1965）。在这种情况下，制造商会对合作关系进行更多资源投入。非强制权力是指制造商向供应商分享市场信息、专家知识、奖励等（Frazier and Summers，1986），从资源的角度来讲，非强制权力是一种软性资源的投入。同时，卡里克和威廉姆斯（Karriker and Williams，2009）以及科尔奎特等（2013）发现，分配公平可以提高员工的组织公民行为。非强制权力就可以看作是一种供应链导向的组织公民行为，它的使用是一种对合作关系有益的行为，例如，拉梅塞山等（Ramaseshan et al.，2006）发现，非强制权力可以同时提高经济和社会满意度，并进一步提高承诺和绩效。因此，根据公正理论，制造商感知到的分配公平会提高制造商非强制权力的使用。

第二，制造商感知到分配公平表明制造商对与供应商合作中的分配结果感到满意（Cohen - Charash and Spector，2001；Colquitt，2001）。根据马斯洛的需求层次理论，当制造商对分配结果感觉满意时，已经实现了对合作中安全感的需求，这时制造商会追求更高的需求层次，即对自我实现和成就感的追求。非强制权力是指制造商通过向供应商传达专业知识、经营理念、价值观、市场信息等方式对供应商产生影响（Ireland and Webb，2007）。也就是说，当制造商使用非强制权力时，是为了供应商的利益以及供应链的整体利益考虑（Hu and Sheu，2005），对于制造商来讲，非强制权力的使用是一种自我实现的追求。因此，从这个角度来讲，供应商分配公平会促使制造商提高非强制权力的使用。

综合以上两点，本书提出假设：

假设1a：供应商分配公平会提高制造商使用非强制权力。

2. 分配公平对强制权力的作用

本书认为供应商对制造商的分配公平会降低制造商对强制权力的使用。

第一，根据公正理论，当制造商对分配结果感到公平时，制造商会认为在与供应商的合作关系中，投入的资源和努力越多，从合作关系中收获的利益就会越多（Adams，1965）。在这种情况下，制造商会看重与供应商的合作关系，并对合作关系进行更多的资源投入，而不会做出对合作关系有损害的行为。强制权力正是一种为了私利而损害合作伙伴的利益，并对合作关系造成严重负面影响的行为（Zhuang et al.，2010）。例如，李（2001）发现，供应商使用强制权力会提高分销商感知到的渠道冲突。因此，根据公正理论，当制造商感到分配公平时，会减少强制权力的使用以减少对合作关系的伤害。科尔奎特等（2013）的元分析中就发现，分配公平会降低员工的反生产力工作行为。在供应链中，强制权力的使用对供应链合作就是一种反生产力的行为。因此，根据公正理论和以往文献，供应商的分配公平会降低制造商使用强制权力。

第二，前人研究指出分配公平影响交易成员对特定结果的情绪、认知和行为（Cohen-Charash and Spector，2001；Colquitt，2001）。例如，科尔奎特（2001）指出，分配公平会影响员工对结果的满意度。布朗等（2006）对批发商与供应商的关系研究发现，分配公平正向影响渠道成员满意度。类似地，在供应链管理领域，供应商对制造商的分配公平，会影响制造商对分配结果的满意度，即制造商对从交易关系中所获收益的满意度。而强制权力的使用是指制造商通过对供应商施压，影响供应商的行为，从而攫取额外利益的行为（Frazier and Summers，1986）。因此，当供应商对制造商的分配结果公平时，制造商对分配结果已经实现了满意，这个时候制造商不需要再通过强制权力的方式获取更多的利益了。也就是说，供应商的分配公平会降低制造商强制权力的使用。

综合以上两点，本书提出假设：

假设1b：供应商分配公平会降低制造商使用强制权力。

4.1.2 程序公平与权力

在买卖双方背景下，程序公平是指在与供应商的合作过程中，制造商感知到的供应商制定决策的过程、处理供应链问题使用的标准和流程是公平无偏的。本书从工具视角理解程序公平对权力的作用。

蒂鲍特和沃克（Thibaut and Walker，1975）提出，人们在决策制定过程中会对控制权产生渴望。工具视角认为，人们对控制权产生渴望的原因是任何个体或组织在交易关系中追求的目标都是个人利益最大化（Tyler et al.，1996；Tyler，1994），人们对由别人来控制他们的行为和结果很没有安全感，认为控制权交给别人无法保证自己的利益。因此，人们在交易过程中总是寻求一定程度的控制权（Tyler et al.，1996）。根据工具理论，制造商感知到程序公平是指制造商在与供应商的合作中，感觉到自己对合作关系有控制权和话语权，并认为现在的程序能够满足他们的个人利益（Lind and Tyler，1988）。因此，根据工具理论，制造商更愿意积极地参与到供应链活动中，保持这种在合作关系中拥有的控制权和福利。因此，可以用工具模型解释供应商程序公平如何影响制造商使用权力。

1. 程序公平与非强制权力

本书认为，供应商对制造商的程序公平会提高制造商对非强制权力的使用。

第一，根据工具理论模型，当制造商感知到供应商的程序公平时，表明制造商相信他们在供应链关系中的利益会得到保障与提升（Lind and Tyler，1988；Tyler et al.，1996）。因此，制造商更愿意参与一些角色外的行为以维持和提高他们从供应链合作关系中获得的福利（Cole et al.，2013）。制造商对供应商使用非强制权力，通过向供应商分享市场知识、提供专家和技术指导，帮助供应商解决问题，提高绩效（Leonidou et al.，2008）。对于供应商来讲是一种帮助和支持（Ireland and Webb，2007），对制造商来讲，非强制权力就是一种角色外的行为。因此，根据工具模型理论，当制造商感觉到程序公平时，会更多地使用非强制权力，对合作关系做出积极的行为，从而维持和提高对合作关系的控制以及从合作关系中获得的福利。

第二，根据公平启发理论，供应商对制造商的程序公平传达出来的信息是这个供应商是可靠的，因此制造商会做出更多有利于合作的行为（Lind，2001）。例如，刘等（2012）研究发现，供应商的分配公平可以提高买方的知识共享、持续承诺和关系投资等态度和行为。类似地，当制造商感觉到程序公平时，会通过对供应商进行帮助和支持而提高整体的合作水平。此外，从认知和态度角度来讲，伊尔马兹等（Yilmaz et al.，2004）发现，程序公平影响成员的关系满意度，卡纳克等（Kaynak et al.，2015）发现，在买卖双方关系中，程序公平正向影响关系连续性。因此，总体来讲，程序公平会提高制造商对供应商整体的关系承诺，使制造商做出更多有利于合作关系的行为，例如非强制权力的使用。

综合以上两点，本书提出假设：

假设2a：供应商程序公平会提高制造商使用非强制权力。

2. 程序公平与强制权力

本书认为，供应商对制造商的程序公平会降低制造商对强制权力的使用。

第一，根据工具理论模型，从利益的角度来讲，制造商感知到供应商的程序公平，表明制造商在供应链合作中对决策如何制定、利益如何分配拥有话语权和控制权，并且相信目前的政策和程序能够帮助制造商实现供应链利益（Tyler et al.，1996）。在这种情况下，制造商不需要采取额外的手段去追求利益，因为额外的手段，例如强制权力，可能会破坏制造商在合作关系中的现状和既得利益。从控制的角度来讲，制造商使用强制手段去影响供应商即想对供应商的行为和过程产生控制（Frazier and Summers，1986），而根据工具模型，程序公平已经表明制造商在与供应商的合作中拥有控制权和话语权，制造商则没有必要使用强制权力去控制供应商了。正如库克和爱默生（Cook and Emerson，1978）所指出的，权力的每次使用都是对资源的一次消耗，会减少使用权力的一方对被使用权力的一方的权力大小和控制权。因此，根据工具模型，供应商的程序公平会降低制造商使用强制权力。

第二，前人研究指出，程序公平影响交易成员对组织层面在情绪、认知和行为上的反应（Cohen - Charash and Spector，2001；Colquitt，2001），即程序公平将会直接影响制造商对供应商这个合作伙伴的态度和行为。研究表明，程序公平会提高员工对组织的承诺和信任（Colquitt et al.，2012；Liao and Rupp，

2005）。在供应链领域，霍弗等（Hofer et al.，2012）发现，第三方物流供应商在程序上的公平能够提高客户的信任和长期合作倾向。从这个角度来讲，当制造商感知到供应商程序公平时，会对供应商产生信任，进行承诺，并想要与供应商建立长期合作关系。在这种情况下，制造商会减少对供应商的负面行为。例如罗等（2015）发现，一方的程序公平可以降低另一方的投机行为。类似地，强制权力会提高冲突，导致合作关系破裂（Frazier and Summers，1986；Zhuang et al.，2010），因此，供应商的程序公平也会降低制造商使用强制权力。

综合以上两点，本书提出假设：

假设 2b：供应商程序公平会降低制造商使用强制权力。

4.1.3 互动公平与权力

在买卖双方背景下，互动公平是指在与供应商的合作过程中，制造商被供应商礼貌、诚实、体面和尊重地对待的程度以及对决策制定和政策改变的知情程度。本书从关系模型的视角理解互动公平对权力的作用。

关系模型与工具模型不同，在关系模型视角下，人们关心公平不是因为公平能为个体带来直接的经济利益，而是因为受到公平的待遇能让个体感受到在团体中被重视（Tyler and Lind，1992）。具体而言，在关系模型视角下，公平的待遇传达出来的信息是个体在团体中的身份、地位和价值受到团体的肯定（Cropanzano et al.，2001a），能够满足个体内心对团体归属感和个人价值实现的追求（Cropanzano et al.，2001b）。根据关系视角，当供应商在人际互动中公平地对待制造商时，制造商会感觉到供应商肯定他的价值，重视他的地位，因此，制造商就会对供应商产生归属感，从而做出更多实现自我价值的行为。因此，可以用关系模型解释供应商互动公平对制造商使用权力的影响。

1. 互动公平与非强制权力

本书认为，供应商对制造商的互动公平会提高制造商对非强制权力的使用。

第一，根据关系模型，个体或组织关心公平是因为他们追求自我价值的实现以及自己对组织的贡献（Cropanzano et al.，2001b）。因此，在关系模型视角下，制造商会提高非强制权力的使用，因为对于制造商来讲，非强制权力所提供的专家知识和市场信息可以帮助供应商（Benton and Maloni，2005），是一种价值实现的方式。具体而言，当供应商礼貌、真诚、饱含敬意地对待制造商，特别是对于每次政策的改变、决策过程的制定都向制造商详细解释时，制造商会觉得在合作关系中，他的价值得到了重视和认可（Tyler and Lind，1992）。因此，在后续的合作中，制造商会做出更多有利于合作的行为，在合作关系中发挥更大的效用，实现更多的价值。从这个角度来讲，根据关系模型，供应商的互动公平可以提高制造商非强制权力的使用。

第二，我国文化讲究“礼尚往来”，当供应商的业务代表以礼貌、谦逊、得体、尊重的态度对待制造商时，制造商需要“以礼相待”，对供应商在态度和行为上做出正面回应。例如，马克沙姆和内特迈尔（Maxham and Netemyer，2003）发现，服务人员的互动公平会提高消费者的购买意向和正面口碑传播行为。刘等（2012）发现，供应链上一方的互动公平可以提高另一方的知识分享、持续承诺和关系投资。非强制权力，通过提供专业知识、建议、信息等方式对供应商提供帮助和支持，也是一种积极的合作行为（Zhuang et al.，2010）。因此，本书提出，供应商对制造商的互动公平会提高制造商对非强制权力的使用。

综合以上两点，本书提出假设：

假设3a：供应商互动公平会提高制造商使用非强制权力。

2. 互动公平与强制权力

本书认为，供应商对制造商的互动公平会降低制造商对强制权力的使用。

第一，在关系模型的视角下，个体或组织参与交易关系时，个体利益不再是首要追求（Cropanzano et al.，2001b）。因此，关系视角下强制权力的使用会直接减少，因为强制权力的首要目的就是获取更多利益（Frazier and Summers，1986）。即使在供应链背景下，制造商企业仍然需要盈利，制造商也不会只在意个人私利。具体而言，当供应商礼貌、真诚、饱含敬意地对待制造商，特别是对于每次政策的改变、决策过程的制定都向制造商详细解释时，制造商会觉得供应商很重视他，因此，制造商会对供应商产生归属感（Tyler and Lind，1992）。当制造商对供应商产生归属感的时候，制造商会更看重合作关系整体的利益，而不会为了追求私利，损害供应商的利益和合作关系。因此，当供应商对制造商互动公平时，根据关系模型，制造商会减少强制权力的使用。

第二，前人研究指出，互动公平会影响个体对直接交互对象的态度、认知和行为（Cohen – Charash and Spector，2001；Colquitt，2001）。具体到供应链管理领域，则是指制造商对供应商业务代表的态度和行为。当供应商的业务代表以礼貌、谦逊、得体、尊重的态度对待制造商时，制造商碍于情面，也不会用威胁和惩罚的方式回应供应商。例如，布洛吉特等（Blodgett et al.，1997）和怀特等（2012）研究发现，服务人员对消费者的互动公平会显著降低消费者的负面口碑传播行为。罗等（2015）发现，买卖双方关系中一方对另一方的互动公平会降低另一方的投机行为。类似地，本书提出，供应商对制造商的互动公平会降低制造商强制权力的使用。

综合以上两点，本书提出假设：

假设 3b：供应商互动公平会降低制造商使用强制权力。

4.2 权力和环境因素对投机的直接作用

权力的主流文献一般采用媒介权力和非媒介权力（Brown et al.，1995；Handley and Benton，2012a；Terpend and Ashenbaum，2012）以及非强制权力和强制权力（Ireland and Webb，2007；Jain et al.，2014；Ramaseshan et al.，2006）两种二分法。本书认为，奖励、知识和建议是企业可以操作并用来影响供应链伙伴的方式（学者们认为非媒介权力是一种潜移默化的影响，不是企业可以操作的方式，而是被影响的一方主动选择的方式），因此，本书更认可非强制权力和强制权力的划分方式。另外，本书从两个角度研究环境不确定性：法律环境不确定性（表现为法律的不确定性）和市场环境不确定性（表现为行业市场的不稳定性和环境的模糊性）。

本书使用不同的理论视角解释权力的两个维度和不确定性的两个方面对投机行为的影响。具体而言，根据交易成本理论，强制权力具有很强的行为不确定性的特点（Wang et al.，2013）。因此，本书使用交易成本理论解释强制权力和环境不确定性对投机的影响。根据社会交换理论，非强制权力对交易关系投入了专家知识和市场信息，是一种隐性资源的交换，同时，非强制权力与承诺和信任高度相关（Ireland and Webb，2007；Zhao et al.，2008）。因此，本书认为，在社会交换理论视角下，非强制权力可以作为一种非正式的手段治理投机。综合而言，本书在交易成本理论和社会交换理论两个理论视角下研究权力和不确定性对投机的影响。

4.2.1　社会交换理论视角下非强制权力对投机的直接作用

本书认为，制造商使用非强制权力会降低供应商的投机行为。

第一，社会交换理论的基本观点认为交易关系中的双方需要遵循互惠的原则（Blau，1964；Emerson，1976），即当一方向另一方表达善意，或做出善行时，另一方需要给予相应正面的回馈（Cropanzano and Mitchell，2005），以遵守社会交换中的规范和维持社会交换中的秩序。非强制权力的使用是通过制造商向供应商分享专家知识、提供建议、交流市场信息、进行奖励等方式来支持和帮助供应商，从这个角度来讲，非强制权力的使用考虑的是供应商利益的提升（Kim，2000）。因此，制造商使用非强制权力，对于供应商来讲是一种帮助和善行，根据社会交换理论，作为回馈，供应商会减少负面的行为，即降低投机。此外，从关系治理的角度来讲，非正式的关系治理机制强调在交易双方之间建立一种强的关系连接，靠彼此之间的关系、信任和关系规范来限制关系成员做出不利于关系的行为（Katsikeas et al.，2009；Liu et al.，2009；Zhou and Xu，2012）。非强制权力也有提升关系满意度、信任和加强关系连接的作用，会让供应商感受到制造商的支持和善意（Ramaseshan et al.，2006；Zhuang et al.，2010），因此，制造商对非强制权力的使用也可以作为一种非正式的关系机制，控制供应商的投机行为。

第二，制造商使用非强制权力，意味着制造商会向供应商传达自己的价值理念、经营方式、思考和处理问题的方（Frazier and Rody，1991），因此，高频率地使用非强制权力，有利于形成双方之间的相互理解，更可能促使双方之间在目标和价值观上达成一致（Frazier and Summers，1986；Luo et al.，2011）。当双方有共同的目标和价值观时，供应商更容易被驱动去追寻共同利益（Jain et al.，2014），而不会为了追求私利进行投机破坏这种合作关系。此外，制造商使用非强制权力，还意味着双方之间高水平的知识和信息共享（Chen et al.，2016；Liu et al.，2010），因此提高了交易过程中的透明度，减少了供应商投机的空间。以往研究中，约翰（1984）发现，专家权力、法定权力和参考权力会降低投机行为。汉德利和本顿（2012a）发现，非媒介权力会降低逃避和窃取两种形式的投机行为。因此，制造商使用非强制权力会降低供应商的投机行为。

综合以上两点，本书提出假设：

假设4：制造商使用非强制权力会降低供应商的投机行为。

4.2.2 交易成本理论视角下强制权力和环境不确定性对投机的直接作用

交易成本理论认为交易关系的显著特点之一就是不确定性（David and Han, 2004；Grover and Malhotra, 2003；Williamson, 1985）。威廉姆森（1985）认为不确定性不仅包含环境的不确定性，也包含行为的不确定性，它们都会对交易关系产生影响。环境不确定性是指交易关系所处的环境变化不可预测，主要表现在制度和市场的变化的不可预知性，环境不确定性是外生变量（Grover and Malhotra, 2003）；与环境不确定性不同，行为不确定性是指“在交易关系内部由于交易成员投机的倾向而产生的不确定性”（John and Weitz, 1988, P. 342）。一般来讲，行为不确定性主要表现在无法保证交易伙伴会遵守合同（John and Weitz, 1988）以及无法将交易伙伴的诚实过错（honest errors）或不同意见与寻求私利的行为区分开（Carson et al. , 2006）。根据交易成本理论，环境不确定性和行为不确定性都会提高交易成员的投机行为（Williamson, 1985）。本书认为，强制权力的使用对于被使用权力的一方具有明显的行为不确定性。因此，强制权力和环境不确定性都会影响供应商的投机行为。

1. 强制权力与投机行为

本书认为，制造商使用强制权力会提高供应商的投机行为。

首先，弗雷泽和萨默斯（1986）指出，制造商使用强制权力是为了用强制手段影响供应商，从而从交易关系中攫取更多利益。因此，从供应商的角度来讲，制造商使用强制权力对供应商是一种剥削和利用，导致供应商无法判断制造商是否重视合作关系，是否会遵守合同。从这个角度来讲，强制权力符合行为不确定性的特点，即无法评估交易成员是否会遵守合约（John and Weitz, 1988）；无法评估交易伙伴对交易关系带来的价值（Ouchi, 1980）。因此，对供应商来讲，制造商使用强制权力对合作关系带来了行为不确定性，意味着制造商很有可能为了追求私利做出投机行为（Jain et al.，2014），直接导致供应商对长期合作关系失去信心，因此，供应商会提高投机行为，追求短期私利。总体来讲，根据交易成本理论，当制造商行为的不确定性高时，供应商会提高投机行为。王等（2013）的实证研究发现，供应商的行为不确定性会提高买方的投机行为。因此，综合交易成本理论和以往文献，本书提出，制造商强制权力的使用代表了制造商行为的不确定性，会提高供应商的投机行为。

其次，强制权力使用威胁和惩罚的方式影响供应商（Kumar，2005），常常会对供应商造成一定的经济损失（Anderson and Narus，1990）。在供应商看来，制造商使用强制权力是以牺牲供应商的利益为代价实现个体的利益和目标的行为，导致供应商降低对制造商的信任以及对合作关系的承诺（Brown et al.，1995；Pulles et al.，2014），并最终会引起供应商的反抗和报复行为（Kumar，1996），投机行为就是供应商报复制造商的一种常见方式。另外，基姆（2000）提出，使用威胁和惩罚的方式对待供应商，不利于制造商与供应商之间建立共同的价值观、行为规范和一致的目标，因此，对交易关系中供应商本身具有的投机行为倾向没有约束，反而由于强制权力导致的冲突和对关系的不满意（Duarte and Davies，2004；Lee，2001），提高了供应商的投机行为。此外，约翰（1984）发现，强制权力会提高投机行为。汉德利和本顿（2012a）发现，媒介权力（包括强制权力和奖励权力）会提高逃避和窃取两种形式的投机行为。因此，制造商使用强制权力会提高供应商的投机行为。

综合以上两点，本书提出假设：

假设5：制造商使用强制权力会提高供应商的投机行为。

2. 法律环境不确定性与投机

本书认为，法律环境不确定性会提高供应商的投机行为。

首先，法律环境的不确定性说明企业认为自己在交易过程中的权益得不到很好的保护（Delios and Henisz，2003），也就是说，投机行为的受害者可能较少依赖法律来保护自己的利益（Luo，2007a），或者使用法律途径的成本较高，法律判决难以有效执行（Joskow，1985）。因此，在这种法律认知之下，投机行为的受害者难以诉诸法律对投机行为的实施者进行惩罚，导致企业进行投机行为面临的成本较低，因而促使企业做出更多的投机行为。

其次，由于合作双方都认为出现纠纷时难以或不愿依靠法律来解决问题，在合作中被供应链伙伴利用的风险因此而提高，从而改变了企业对风险的认知和承受能力，导致企业认为长期合作关系存在很大的风险，从而降低对长期合作关系的信心和承诺（Delios and Henisz，2003），企业在供应链合作关系中变成短期利益导向，因此会做出更多投机行为谋取私利。

最后，根据交易成本理论，法律环境的不确定性，使得合同作为一种监管手段的效用降低（Zhou and Xu，2012），企业缺少有效的束缚，会进行更多投机行为。

综合以上三点，本书提出假设：

假设6：法律环境不确定性会提高供应商的投机行为。

3. 市场环境不确定性与投机

本书中，市场环境的不确定性主要指企业所在的市场环境的不稳定性和多变性（Li et al.，2008）。这种不确定一方面表现为环境不稳定性，即市场环境频繁发生变化，导致企业无法预测未来的市场状况；另一方面表现为环境模糊性，即企业缺少足够的信息判断不确定性会对企业带来哪些影响（Carson et al.，2006）。这两种不确定性的表现形式都会提高投机行为。

第一，不断变化的市场使得企业不得不重新谈判和拟定条款来应对新的外部环境，但是即便如此，由于环境的不稳定性和持续改变，企业无法通过拟定条款涵盖到交易中的方方面面，因此，企业条款总是不完善的，环境变化越快，不稳定性越高，企业的条款越不完善（Bai et al.，2016）。也就是说，环境不稳定性给了交易中的企业更多的机会钻条款的漏洞进行投机（Williamson，1985）。

第二，在不断变化的市场环境中，企业很难快速搜集到足够的信息判断不确定性会对企业和交易伙伴带来哪些影响（Carson et al.，2006），在这种情况下，交易伙伴做出的一些行为企业缺少准确的信息将其定义为投机行为，换句话说，交易伙伴的投机行为很难被企业发现（Ouchi，1980），这就是环境模糊性所导致的。因此，在环境模糊的环境中，企业会做出更多投机行为。

罗（2007a）的研究发现当环境不稳定时，联盟中的企业会做出更多投机行为。同时，根据交易成本理论，市场环境不确定性会提高企业的投机行为（Carson et al.，2006；Williamson，1985）。因此，本书提出假设：

假设 7：市场环境不确定性会提高供应商的投机行为。

4.3　权力对投机的影响：环境因素的调节作用

彭等（2008）、桑顿和奥卡西奥（Thornton and Ocasio, 1999）以及王等（2016）指出，制度环境会影响交易规则以及协调经济交换，企业很多决策的有效性都会受到制度环境的限制。类似地，萨特克利夫和查希尔（Sutcliffe and Zaheer, 1998）以及卡森（2006）也提出，环境不确定性是影响组织间相关决策制定的重要变量。因此，本书同时研究法律环境的不确定性和市场环境的不确定性如何影响制造商权力与供应商投机行为之间的关系。

本书使用权变理论解释不确定性对权力作用的影响。权变理论的基本观点认为，组织结果是由内部因素与外部因素的交互作用共同决定的（Burns and Stalker, 1961; Lawrence and Lorsch, 1967）。具体而言，本书认为外部环境因素会影响非强制权力这种非正式的关系机制对投机的作用；同时，外部环境的不确定性会影响强制权力这种行为不确定性对投机的作用。

4.3.1　权力对投机的影响：法律环境不确定性的调节作用

1. 法律环境不确定性对非强制权力与投机关系的影响

本书提出，法律环境不确定性越高，非强制权力降低投机行为的作用越大。

第一，高的法律不确定性意味着企业认为知识产权和专利较难得到很好的保障（Luo, 2007a），在这种情况下，供应链成员之间正式的信息和知识共享的水平会非常低。而非强制权力是指制造商基于他们的专业知识向供应商提供建议（Benton and Maloni, 2005），这在很大程度上提高了制造商与供应商之间的信息和知识共享。也就是说，非强制权力的使用本身就代表着知识共享，制造商的这种知识共享在弱的法律环境中对于供应商尤为可贵。因此，供应商会在很大程度上降低他们的投机行为以维持与制造商的合作关系，获取更多知识。

第二，在法律环境不确定性较高时，企业认为合作纠纷较难通过法律途径解决。在这种情况下，供应商会认为与制造商的合作关系面临很高的风险，供应商不知道制造商是否可信，是否要对合作关系做出长期承诺（Delios and Henisz, 2003)。在这种情况下，如果制造商对供应商使用非强制权力向供应商提供支持和帮助，对于供应商来讲，非强制权力释放了一种制造商很可靠的信号 (Zhou and Xu, 2012)。在较高的法律不确定性之下，供应商会很珍惜和看重这种值得信任的关系，因此会在很大程度上降低投机行为。

第三，法律环境不确定性意味着正式的治理机制——合同，失去了监管投机的作用（Zhou and Poppo, 2010；Zhou and Xu, 2012)。这时，交易双方唯一可以依赖的就是非正式的关系机制。彭和罗（2000）以及周和波波（2010）都指出，在弱的法律环境下，关系机制对投机的抑制作用更强。因此，作为一种非正式的关系机制，法律环境不确定性也会增强非强制权力对投机行为的控制作用。

综合以上三点，本书提出假设：

假设 8a：法律环境不确定性越高，非强制权力降低投机行为的作用越大。

2. 法律环境不确定性对强制权力与投机关系的影响

本书提出，法律环境不确定性越高，强制权力提高投机行为的作用越大。

第一，法律环境不确定性意味着企业认为他们的合法权益得不到有效和低成本的保障（Delios and Henisz, 2003)，使得企业更加关注合作关系中对自己利益的保护和追求，如前所述，企业可能会增加投机谋取私利。在这种情况下，制造商强制权力的使用，会对供应商造成直接的经济损失（Anderson and Narus, 1990)，是一种伤害到供应商利益的行为，供应商会为了弥补损失，更多地追求个人私利，即做出更多投机行为。从这个角度来讲，在弱的法律环境下对供应商使用强制权力，对供应商的投机行为起到了催化剂的作用。

第二，强制权力本身作为一种行为不确定性会提高供应商的投机行为。当企业认为难以依靠法律解决交易双方的合作纠纷时，供应商对风险的态度发生转变（Delios and Henisz, 2003)。举例来讲，当认为法律较为可靠时，供应商对一件事情风险的评估为低风险，当认为法律不可靠时，供应商对同一件事情的风险评估可能从低风险变为高风险。按照这个逻辑，当企业感知到的法律不确定较低时，供应商认为强制权力这种行为不确定性对他们的伤害程度为中，当企业感知到的法律不确定较高时，供应商会认为强制权力对他们的伤害程度为高，因此，供应商会显著提高他们的投机行为作为对自己的保护。从这个角度来讲，高的法律不确定性加强了强制权力这种行为不确定性与投机行为之间的正向关系。

综合以上两点，本书提出假设：

假设 8b：法律环境不确定性越高，强制权力提高投机行为的作用越大。

4.3.2　权力对投机的影响：市场环境不确定性的调节作用

1. 市场环境不确定性对非强制权力与投机关系的影响

本书认为，市场环境不确定性越高，非强制权力降低投机行为的作用越小。

首先，市场环境不确定性高意味着市场剧烈变化，在这种情况下，所有企业都很难及时准确地获取市场信息和知识（Carson et al., 2006）。因此，制造商使用非强制权力向供应商提供的知识、信息、建议可能由于激烈的市场变化已经失去时效性，对供应商来讲意义不大，也就是说，市场环境非常不稳定的情况下，供应商从制造商的非强制权力获取的收益有限，因而，非强制权力对投机行为的抑制作用也就相应减小。

其次，高的市场环境不确定性同时意味着企业很难搜集到足够的信息判断不确定性会产生哪些结果，也很难判断不确定性会对合作伙伴产生哪些影响（Carson et al., 2006）。简单来讲，就是说环境模糊性使得企业很难判断合作伙伴所做行为的性质和意图。当制造商向供应商提供建议和知识时，由于供应商很难获取足够的信息对建议和知识进行甄别，也就很难判断制造商的意图，因此，非强制权力对供应链关系所带来的益处会减弱。

最后，以往研究指出，在法律环境不确定性高时，关系机制更有效（Zhou and Poppo, 2010; Zhou and Xu, 2012），因为没有法律支撑，合同失效，关系基本成为唯一的机制控制投机。而在市场环境不确定性高时，虽然合同条款可能不够完备，但是合同依然是有效地控制投机的手段。卡森等（2006）研究发现，当环境的不稳定性高，同时模糊性低时，关系机制最有效；而当环境的不稳定性和模糊性都很高时，关系机制的有效性减弱。因此，非强制权力作为一种关系机制，在市场环境整体不确定性较高时，对投机行为的控制作用减弱。

综合以上三点，本书提出假设：

假设 9a：市场环境不确定性越高，非强制权力降低投机行为的作用越小。

2. 市场环境不确定性对强制权力与投机关系的影响

本书认为，市场环境不确定性越高，强制权力提高投机行为的作用越大。

第一，制造商使用强制权力，会对供应商造成直接的经济损失（Anderson and Narus，1990）。在环境不确定性低时，市场环境较稳定时，供应商可以比较容易计算出强制权力对供应商造成的损失；然而，当环境不确定性高时，市场剧烈波动，影响利益和损失的因素很多，供应商很难计算出制造商强制权力的使用对供应商造成的直接损失。这种情况下，供应商很可能把由环境波动导致的其他损失也计算到制造商那里，因此会提高投机行为来报复制造商的强制权力所造成的经济损失（Kumar，1996）。

第二，市场环境的模糊性让企业很难收集到足够的信息判断合作伙伴所做行为的性质和意图（Carson et al.，2006）。在市场环境不确定性低时，虽然制造商的强制权力这种行为不确定性让供应商很难判断制造商是否会遵守合同以及制造商对合作关系的态度（John and Weitz，1988），但是供应商还是可以收集到一定的信息和证据对制造商的行为模式进行一定程度的预测；然而，当市场环境不确定性高时，供应商很难获取信息预测制造商未来的行为。也就是说，市场环境不确定性使得行为的不确定更加难以预测。在这种情况下，供应商会采取更多的投机行为进行自我防御，降低制造商强制权力对自己造成潜在损失。

综合以上两点，本书提出假设：

假设 9b：市场环境不确定性越高，强制权力提高投机行为的作用越大。

4.4 公平和权力的结构化视角

在现实中，企业现象往往不会单独出现，更多的是以集群的方式出现并对企业产生影响（Sinha and Van de Ven，2005）。因此，维度化的方法很难对企业现象提供一个整体的视角（Flynn et al.，2010）。而结构化的方法正可以补充维度化研究方法的不足之处。

具体而言，结构化理论将组织描述为相互之间有关联的一组活动。结构化视角关注的不是变量之间的配对关系（这是维度化视角的关注点），而是关注多个因素之间呈现出来的结构或格式以及它们作为一个整体的作用（Drazin and

Van de Ven, 1985)。这种结构化的方法对于研究多个变量的联合作用很有效，很适合处理复杂的关系（Flynn et al. , 2010)。因此，本章节将使用结构化的方法对公平的三个维度以及权力的两个维度各自之间的组合关系提出假设。

4.4.1　公平的不同模式及其作用

1. 公平的模式

结构化理论指出，组织内部各种实践活动的联合作用会表现出不同的模式(Miller, 1986)。在供应链中，供应商由于对不同制造商关系的重视程度不同，对制造商的公平政策就会不同。例如，当供应商很重视与制造商的合作关系时，会同时重视三种公平。当制造商只是供应商一个很小的客户时，供应商可能只会在分配结果和人际互动中公平地对待制造商，而不会在决策制定的过程中公平地对待制造商。因此，制造商感知到的供应商公平会存在不同的模式。具体而言，参考前人文献（Flynn et al. , 2010)，这种公平的模式可以根据平衡度和强度进行划分。公平的平衡度是指制造商感知到的供应商的三种公平处于同一水平线。公平的强度是指制造商感知到的供应商公平的高低程度。在现实中，制造商感知到的三种公平会根据平衡度和强度呈现出不同的模式。例如，制造商可能会感觉到三种公平都很低，这是一种低均衡的模式；也可能感觉到只有互动公平和程序公平很高，而分配公平很低，这是一种低分配公平的模式。第3章中的案例研究也表明，制造商感知到的公平会呈现出不同的模式。结合结构化理论，本书提出：

假设10：供应链上公平会表现出不同的模式。

2. 公平不同模式的作用

结构化理论指出变量之间形成的不同模式会产生不同的作用。具体到公平模式，本书认为，公平的不同模式对权力的影响不同。组织行为领域的以往研究指出，程序公平关注个体对整体组织的态度和行为，分配公平关注个体对特定结果的态度和行为，互动公平关注个体对直接交互对象的态度和行为（Cohen-Charash and Spector, 2001；Colquitt, 2001)。具体到供应链领域，程序公平会影响制造商对供应商这个合作对象的态度和行为，分配公平会影响制造商对利益分配结果的态度和行为，而互动公平会影响制造商对供应商业务代表的态度和行为。从这个角度来讲，程序公平高的模式可能对强制权力的影响更大，因为当制造商对供应商这个合作对象非常满意时，会减少强制权力的使用；而其他情形下，很难减少强制权力。互动公平高的模式可能对非强制权力的影响更大，因为非强制权力的使用是对合作对象表示帮助和支持，更容易发生在个体层面。因此，本书提出：

假设 11：不同的公平模式对权力的影响不同。

4.4.2 权力的不同模式及其作用

1. 权力的模式

供应链成员对于权力的使用也会存在不同模式。当供应商很重视与制造商的合作关系时，会多使用非强制权力，而较少使用强制权力。当制造商只是供应商一个很小的客户时，供应商可能会多使用强制权力，而较少使用非强制权力。与公平的划分方法类似，权力的模式也可以根据平衡度和强度进行划分。权力平衡度是指制造商对强制权力和非强制权力的使用在同一水平上；权力强度是指制造商使用权力的多少。根据平衡度和强度，权力的使用可能出现高均衡模式，即强制权力和非强制权力都使用很多，也可能出现低强制权力模式，即强制权力使用较少，非强制权力使用较多。考恩等（2015）概念性地指出，供应链上权力大的一方对于权力的使用可能存在高强制权力—低非强制权力和低强制权力—高非强制权力两种模式，为权力模式的存在提供了文献基础。因此，本书提出：

假设 12：供应链上权力的使用会表现出不同的模式。

2. 权力不同模式的作用

强制权力会引起严重的供应链冲突（Lee，2001；Leonidou et al.，2008），频繁地使用强制权力甚至会导致关系破裂（Frazier and Summers，1986）。这说明强制权力对于合作关系的伤害非常大。本书认为，即使在使用强制权力时，对非强制权力的使用也很高，即“胡萝卜”加“大棒”的方式，也没有办法减轻强制权力对于关系造成的伤害。陈等（2016）在最近的研究中发现，制造商强制权力会降低供应商的知识共享，即使同时使用非强制权力，也依然无法改变强制权力对知识共享行为的降低。因此，本书认为，强制权力高的模式比强制权力低的模式对投机行为的促进作用更大，也就是说，不同的权力模式对投机行为的作用不同。因此，本书提出假设：

假设 13：不同的权力模式对投机行为的影响不同。

4.5　假设汇总

本书所有的研究假设可详见表 4.1 所示。

表 4.1　　假设汇总

假设
假设 1a：供应商分配公平会提高制造商使用非强制权力。
假设 1b：供应商分配公平会降低制造商使用强制权力。
假设 2a：供应商程序公平会提高制造商使用非强制权力。
假设 2b：供应商程序公平会降低制造商使用强制权力。
假设 3a：供应商互动公平会提高制造商使用非强制权力。
假设 3b：供应商互动公平会降低制造商使用强制权力。
假设 4：制造商使用非强制权力会降低供应商的投机行为。
假设 5：制造商使用强制权力会提高供应商的投机行为。
假设 6：法律环境不确定性会提高供应商的投机行为。
假设 7：市场环境不确定性会提高供应商的投机行为。
假设 8a：法律环境不确定性越高，非强制权力降低投机行为的作用越大。
假设 8b：法律环境不确定性越高，强制权力提高投机行为的作用越大。
假设 9a：市场环境不确定性越高，非强制权力降低投机行为的作用越小。
假设 9b：市场环境不确定性越高，强制权力提高投机行为的作用越大。
假设 10：供应链上公平会表现出不同的模式。
假设 11：不同的公平模式对权力的影响不同。
假设 12：供应链上权力的使用会表现出不同的模式。
假设 13：不同的权力模式对投机行为的影响不同。

第5章　研究设计与样本分析

概念模型和研究假设已经确定，本书使用问卷调查的方法获取企业数据，对概念模型进行检验。为了得到可靠的数据，需要在问卷设计、量表选取、数据收集的过程中进行严格控制。本章首先阐述了问卷设计和样本收集的过程，然后采用一系列数据分析方法对所得数据进行描述性统计分析、信度效度检验，以保证所得的样本数据的可靠性以及假设检验最终结果的有效性。

5.1　问卷设计

5.1.1 问卷设计方法

问卷调查法在社会学、心理学和管理学领域是使用最为普及的一种方法，它具有高效率、低成本、干扰小和数据较真实可靠等优点。但是，要通过问卷调查获得真实可靠的数据，非常依赖于答卷者能够理解问题，并认真坦诚地回答问题。一方面需要研究设计者在抽样的过程中，严格按照一定的条件选择答卷者，控制好问卷长度和激励手段；另一方面则是在问卷设计过程中对问卷质量进行严格把关。

学者们认为在问卷设计环节，最需要关注的问题是措辞（Brace，2008；陈晓萍等，2008），这既会影响答卷者回答问题的态度，也会影响答卷者对问题的理解。具体而言，布雷斯（Brace，2008）提出，问卷需要帮助答卷者给出最准确的信息、做出最准确的回答。因此，题项描述的口吻应该让答卷者感到放松舒适，而不应该让答卷者感觉被质疑或者被挑战。如果答卷者对一些词组，例如“腐败”“贪污”感到不舒适，或者不太理解问卷中一些太过专业的术语，他们就会很快对问卷失去耐心，而不会努力给出正确的答案，甚至不会完成问卷。因此，在问卷设计过程中，题项的描述应该尽量使用日常用语。

此外，问卷题项在描述的过程中还应该避免歧义。布雷斯（2008）甚至指出“要不惜一切代价避免歧义”。问项有歧义是指问项中可能包含了两个意思，而答卷者也可能根据不同的意思产生两个答案，因此他们将不知道该如何作答。如果研究设计者在发放问卷之前没有发现有歧义的问项，在收回数据之后，可能出现数据无法支撑理论的情况，因为答卷者可能没有按照研究者预想的问项回答问题。因此，在正式发放问卷之前，需要进行多次访谈和预测试，识别有歧义的问项并予以修正。

量表的设计有两种方法：一种是使用现有量表；另一种是自行设计量表。陈晓萍等（2008）指出，使用现有量表具有很显著的优点：一方面，在现有文献中占有一定地位（在不同领域引用次数较高）的量表，具有较高的信度和效度；另一方面，在文献中被反复使用的量表认可度高，使用发表在权威期刊上论文的量表，一般在量表部分不会受到太多质疑。本书认为，使用现有的量表也可以在一定程度上避免措辞不当所造成的问卷质量问题。

虽然使用现有量表具有显著的优点，不过陈晓萍等（2008）同时指出，使用现有量表也需要注意一些问题：第一，概念上的适用性。西方国家设计的量表中的概念在我国是否保持统一？第二，文化上的适用性。西方国家的答卷者与我国的答卷者对问项的理解是否统一？第三，语言上的适用性。将西方国家的量表翻译成中文之后的意思是否保持统一？

由于本书中所涉及的公平、权力和投机的概念在组织管理、战略和营销管理领域都有成熟的指标，因此，本书从现有文献中寻找可用的量表。为了保证量表在概念、文化和语言上的适用性以及最终问卷的质量，本书按照严格的方法论，在问卷设计环节投入大量精力。具体而言，问卷设计环节总共经历了以下五个阶段：

第一阶段，根据案例调查和文献分析，确定核心概念在本书中需要测量的维度，即公平从分配公平、程序公平和互动公平三个维度进行测量；权力从强制权力和非强制权力两个维度进行测量；不确定性从法律环境不确定性和市场环境不确定性两个维度进行测量。然后，进行大量的文献阅读，在权威期刊引用次数较高的文献中寻找相关概念的测量指标。

第二阶段，首先由研究者本人对选取的测量指标进行翻译，将英文的指标翻译成中文。然后再寻找另外一个同专业方向的研究人员，将研究者本人翻译好的中文再翻译成英文，即回译。然后研究者本人与另一位研究人员将原始英文指标与回译之后的英文指标进行对比，寻找差异原因，并努力消除差异，以提高翻译的准确性。

第三阶段，寻找三名研究领域内的专家，对专家进行访谈，探讨中文问卷与英文问卷在概念、语言和文化方面的适用性。与专家的访谈发现，公平、权力和投机的概念在西方国家与我国并不存在很大的文化和语义的差异，对于我国的研究情境是适用的。

第四阶段，对多家企业的供应链经理进行了深度的访谈，就每个题项对他们进行提问：是否有不理解的术语？问题是否难以回答？并让他们陈述他们所理解的题项的意思，以发现歧义、考察文化适用性和理解力，对有歧义或不理解的地方进行修正。

第五，针对 20 多家企业进行预测试，以形成最终问卷。在收到预测试的数据之后，对数据进行了基本的描述分析和因子分析。因子分析的结果表明非强制权力中有个测量指标载荷不是很好，因此删除这个指标，形成最终调查问卷。

5.1.2 量表的设计与变量的测量

1. 公平

公平在组织行为领域有很成熟的量表，例如科尔奎特（2001）的量表被广泛引用。由于本书在组织间层面进行，因此，需要选用组织间层面的量表。古玛等（1995）是较早在组织间领域研究公平的学者，但是他们只关注了分配公平和程序公平。伊尔马兹等（2004）在古玛等（1995）研究的基础上加入了互动公平的测量。因此，本书对公平的三个维度的测量主要来源于古玛等（1995）和伊尔马兹等（2004）两篇文章。

具体而言，分配公平测量了制造商从采购供应商产品中获得的回报与在合作关系中的努力和投资、承担的角色和责任、对供应商做出的贡献几个方面相比所感知的公平程度。程序公平测量了供应商在对待所有制造商时，采取一致的政策和同样的决策程序的公平程度。互动公平测量了供应商在政策变更时是否会向制造商进行详细的解释，以及是否会认真对待制造商的异议。有关公平具体的测量指标如表 5.1 所示。所有的题项都采用七点李克特量表进行测量。

表 5.1　　公平的测量指标

公平维度	测量指标	指标来源	题干
分配公平	DF1 与贵公司为支持供应商产品线而投入的努力和投资相比 DF2 与供应商合作关系中贵公司承担的角色和责任相比 DF3 与行业中其他类似的制造商的回报相比 DF4 与贵公司对供应商做出的贡献相比	古玛等（1995） 伊尔马兹等（2004）	贵公司从采购供应商产品中获得的回报， “1”——非常不公平 “7”——非常公平
程序公平	PF1 供应商不采取歧视政策，公平的对待所有的制造商 PF2 供应商对所有制造商采取一致的政策和同样的决策程序 PF3 供应商在商业关系中总是秉行公平的原则	古玛等（1995） 伊尔马兹等（2004）	在与贵公司的交往过程中， “1”——非常不同意 “7”——非常同意
互动公平	IJ1 对于贵公司的异议，供应商有时会相应调整其分销政策 IJ2 贵公司对供应商的政策和程序提出异议时，供应商会认真对待 IJ3 供应商通常会向贵公司解释他们的决策 IJ4 对于会影响到贵公司的政策变更，供应商会提供合理正当的理由 IJ5 对于供应商政策的变化，供应商很愿意解释理由	伊尔马兹等（2004）	在与贵公司的交往过程中， “1”——非常不同意 “7”——非常同意

2. 权力

虽然很早就有学者在营销领域研究了渠道成员对权力的使用，但是他们并没有严格地按照非强制权力和强制权力这种二分法对权力进行测量。例如，弗雷泽和萨默斯（1986）在测量非强制权力和强制权力时融入了权变的视角，举例来讲，他们对非强制权力的指标为“如果你遵从他的要求，就会得到更好的服务”，这表明非强制权力的使用也依赖于外部的奖励机制，与本书的设计相悖。虽然安和内文（1974）提出了强制权力与非强制权力的二分法，也对它们进行了测量，但是他们的测量太过具体化，例如其中一项对非强制权力的测量指标为“在选址上给予帮助”，这样的测量指标不具有一般性。

通过大量文献阅读，发现营销学的经典文献（Brown et al.，1995）中对强制权力的测量受到了广泛的引用。非强制权力的测量指标选自刘等（2010）文献。具体而言，强制权力测量了如果供应商不遵从制造商的意愿或要求，就会受到制造商的为难的程度。非强制权力测量了制造商向供应商提供建议，并用价值规范影响供应商的程度。有关权力具体的测量指标如表 5.2 所示。所有的题项都采用七点李克特量表进行测量，“1”表示非常不同意，“7”表示非常同意。

表 5.2　　权力的测量指标

权力维度	测量指标	指标来源
非强制权力	NCP1 贵公司让供应商相信应该采纳你们的建议 NCP2 贵公司有能力提出恰当的建议 NCP3 贵公司经常向供应商提出建议 NCP4 你们双方在经营理念上十分相似，供应商因而愿意做你们期望的事 NCP5 贵公司比供应商掌握更多的市场信息*	刘等（2010）
强制权力	CP1 即使贵公司的要求超出了合同的规定，供应商也需要服从 CP2 如果不按照贵公司的要求去做，供应商就得不到贵公司的优待 CP3 贵公司经常暗示如果不遵从你们的要求，就会采取行动削弱供应商的利润 CP4 如果不遵从贵公司的意愿，你们就不会给予供应商必要的服务 CP5 因为听从贵公司的要求，供应商从而避免了像其他同行一样所遇到的刁难	布朗等（1995） 刘等（2010）

注：* 表示预调查之后删除的指标。

3. 环境因素

本书从法律环境不确定性和市场环境不确定性两个方面来研究整体环境的不确定性。法律环境不确定性是发展中国家的显著特点，一些中国的学者研究了法律不确定性对组织的影响。其中罗（2007a）是较早研究法律不确定性的学者，本书采用他的测量指标。具体而言，法律不确定性测量了通过法律手段解决纠纷的成本较高、法律不公正以及法律裁判难以执行的情况。

市场环境不确定性在管理学领域有广泛的研究，本书对环境不确定性的指标采用了营销学领域的文章（Noordewier et al.，1990；Ryu and Eyuboglu，2007）。具体而言，市场环境不确定描述了制造商所在的行业市场中主产品的产量、供应和价格的不稳定性。有关环境不确定性具体的测量指标如表5.3所示。所有的题项都采用七点李克特量表进行测量，“1”表示非常不同意，“7”表示非常同意。

表5.3　　　　环境因素的测量指标

环境因素	测量指标	指标来源
法律环境不确定性	LU1 通过法律手段来解决企业间合作问题的成本（包括费用和时间）比较高 LU2 通过法律手段，一般难以让合作双方都能得到公正的判决 LU3 法律裁决的结果一般都难以被合作双方顺利执行	罗（2007a）
市场环境不确定性	EU1 在市场中主产品的可得性是非常不确定的 EU2 在市场中主产品产量的不确定性是一个确实存在的问题 EU3 主产品的供应是不稳定的 EU4 在市场中主产品的价格是不稳定的	诺德－维尔等（Noordewier et al.，1990） 柳和埃尤博格鲁（Ryu and Eyuboglu，2007）

4. 投机行为

投机行为是指采取欺诈手段追求私利。因此，对投机行为的测量不仅要满足追求私利，还需要满足欺诈性（Brown et al.，2000）。由于营销渠道管理与供应链管理非常类似，因此，本书对供应链上投机行为的测量指标依然选自营销领域的文章。具体而言，投机行为的指标选自布朗等（2000）以及威茨和盖斯肯（Wuyts and Geyskens，2005）。投机行为测量了供应商为了得到他们想要的东西，篡改事实、夸大能力、隐瞒信息等行为。有关投机行为具体的测量指标如表5.4所示。所有的题项都采用七点李克特量表进行测量，“1”表示非常不同意，“7”表示非常同意。

表 5.4　　投机行为的测量指标

结构变量	测量指标	指标来源
投机行为	OPP1 贵公司的主要供应商经常夸大他们的需求以获得他们期望得到的东西 OPP2 贵公司的主要供应商经常篡改事实来得到他们想得到的东西 OPP3 你们有理由确信贵公司的主要供应商经常向你们隐瞒重要的信息 OPP4 贵公司的主要供应商经常向你们承诺做一些事情，尽管他们并没有坚持做完这些事情的意图	布朗等（2000） 威茨和盖斯肯（2005）

5.2　数据收集与描述性统计分析

5.2.1 数据收集

本书选取了广东省的制造企业作为问卷发放的目标范围，因为广东省是我国重要的制造业中心之一，同时很多广东省的制造业在全球供应链中扮演了供应商的角色。因此，从广东省收集问卷，能够同时为国内的买方企业和国外的买方企业提供管理本地供应商关系的实践指导。

样本池是广东省企业名录中所记录的 43163 家企业。为了快速获得有代表性的问卷，采取随机分层抽样的方法。首先选取了深圳、广州、佛山和东莞四个主要工业城市。然后在每个城市里随机选取记录在企业名录上的制造业发放问卷，通过打电话的方式联系这些企业询问他们参与的意图。为了提高他们参与的积极性，告知潜在答卷者调查意图是为了学术研究，并会对他们提供的所有信息进行严格保密。在打电话的同时，获取这些潜在答卷者的姓名和地址。本书只选取高级采购经理、供应链经理、其他负责供应链管理的总经理作为答卷者，因为他们最了解企业与供应商的关系，能够提供准确的信息，是最适合的答卷者。研究采用邮寄问卷的方式收集数据，将问卷和强调研究目标及潜在贡献的说明书一起邮寄给答应参加调查的答卷者。

在发出去的 1000 份问卷中，一共收回来 267 份。其中有 27 份问卷缺少主要信息或者出现回答不一致的现象，剔除这些不合格的问卷之后，最终获得

240 份有效的样本。因此，问卷的整体回收率为 24%。

5.2.2 样本描述性统计分析

根据答卷者提供的企业信息，对样本进行了描述性统计分析，以了解样本的分布信息。如表 5.5 所示，就行业而言，样本主要分布在电子通信设备、金属制品、机械、制药和医疗等行业，家电和橡胶/塑料的样本较少，但是样本所涉及的行业已经比较全面。就员工人数来讲，小于 100 人的小规模企业和大于 5000 人的大规模企业分别占到了 15.4% 和 9.6%；约有一半（53.4%）的企业员工人数在 100～900 人，属于中等规模的企业；有 21.7% 的企业人数在 1000～5000 人，因此，样本的企业规模比较接近整体样本的真实情况。就所有制而言，私有企业占 35.3%，合资和外资企业占 42.9%，政府所有的企业占 10.6%，其中还有 5% 的企业属于世界五百强企业，这个样本企业所有制的分布也比较接近整体样本的真实情况。因此，总体上而言，本书所得的样本能够较好地反映总体的特征。

所有制情况说明：

①所有制是非常常用的控制变量。

②所有制删除会影响回归结果。

③已删除所有制与“我国”相关描述。

表 5.5　样本描述性统计分析

样本特征及分类		样本数	百分比
所属行业 N = 211	家电	5	2.4
	电子通信设备	23	10.9
	金属制品	23	10.9
	机械	40	19.0
	制药/医疗	42	19.9
	橡胶/塑料	11	5.2
	其他	67	31.8
员工人数 N = 240	小于 100 人	37	15.4
	100～499 人	95	39.6
	500～999 人	33	13.8
	1000～4999 人	52	21.7
	5000 人以上	23	9.6

续表

样本特征及分类		样本数	百分比
所有制 N=238	当地政府所有企业	8	3.4
	国有企业	13	5.5
	央企	4	1.7
	合资企业	29	12.2
	外资企业	73	30.7
	私有企业	84	35.3
	世界五百强企业	12	5.0
	其他	15	6.3

5.3 样本质量检验

5.3.1 未回答偏差和共同方法偏差检验

1. 未回答偏差

未回答偏差是指潜在答卷者没有回答问卷，而可能给样本数据造成的偏差。一般来讲，潜在答卷者没有回答问卷的原因有两种：一种是有意不回答，另一种是无意不回答。无意不回答可能是由于答卷者问卷丢失或遗忘答题等原因造成，这种类型的不回答对于整体样本的影响比较小。而有意不回答的原因可能是问卷触及潜在答卷者敏感或回避的问题。这种类型的不回答对于样本数据影响较大，即由于缺少某种类型的样本，而导致样本产生偏差。

为了检测未回答偏差，研究者首先通过致电没有回答问卷的潜在答卷者询问他们没有参与答卷的原因。其中陈述最多的原因是没时间或忘记了，这些都属于无意造成的不回答。然后，可以通过 t 检验进行较为严格的未回答偏差检验。第一种方式是对比不同时间段收集到的样本在对每个问题的回答上是否存在显著差异。本书抽取了最先收集到的 30 份样本以及最后收集到的 30 份样本，对核心变量进行 t 检验，分析发现这些变量在均值上并没有显著差异。第二种检验方法是抽取相同数量的回答问卷的企业以及没有回答问卷的企业，对它们在企业规模、行业等企业基本信息方面进行对比看看是否有显著差异。本书随机抽取30份回收到的样本，并随机选取30家没有回答问卷的企业，将它们的基本资料进行对比分析，并未发现这些企业在行业和规模等方面存在显著差异。因此，本书的未回答偏差并不是一个严重问题。

2. 共同方法偏差

共同方法偏差是指由于测量方法而对样本数据所产生的系统性误差，这种误差是测量误差的一个主要来源，会严重影响变量之间的关系（Podsakoff et al.，2003）。由一个答卷者同时回答自变量和因变量的问卷是产生共同方法偏差的所有来源中最普遍也是最严重的一个原因。当答卷者同时回答预测变量和结果变量时，他们可能会对变量之间的关系进行一定的揣测和预想，这导致答卷者最终的数据只有一部分是变量之间真实的关系，还有一部分是答卷者对关系的揣测（Berman and Kenny，1976）。因此，只有一个答卷者回答问题时，需要在设计问卷阶段对共同方法偏差进行预防，在回收数据之后，对共同方法偏差进行检验。

在对共同方法偏差进行预防的基本的方法是，需要确保各变量在语义上能够严格区分开。本文涉及的公平、权力、投机、不确定性以及它们的维度在概念上没有相似性，完全可以区分开，同时选取的答卷者都是了解或负责供应链运营的经理人，他们对问卷内容足够熟悉，因此从内容上避免了共同方法偏差的存在。在问卷收集回来之后，可以使用Harman的单因素检验方法对共同方法偏差进行检验（Podsakoff et al.，2003；Podsakoff and Organ，1986），具体的做法是将所有的测量指标放入一个因子中，查看未旋转的因子分析的结果，如果第一个因子的解释方差的比例很高（一般不能超过25%），则说明存在共同方法偏差。本书对公平、权力、不确定性、投机的所有指标进行了未旋转的因子分析，结果表明这些变量可以载荷到8个因子上（特征值大于1），并且第一个因子的解释方差的比例为21.4%，并不是很高，这表明共同方法偏差并不是一个严重的问题。

5.3.2　信度检验

信度是指基于结构变量下的所有观测变量（测量指标）是否高度相关来衡量观测变量的内部一致性。简单来讲，信度代表了结构变量的所有观测变量是否测量的是同一个东西。以打靶为例，信度是指子弹的落点集中度较高。因此当信度高时，意味着测量误差较小，结构变量与观测变量之间的关系就比较强，也就是说，结构变量对观测变量的代表度和解释度比较高。因此，信度检验是问卷质量高低的一个重要指标。

纳拉西姆汉和贾亚拉姆（Narasimhan and Jayaram，1998）建议对信度的检验循两个步骤：第一，使用探索性因子分析（explorative factor analysis，EFA）检验测量指标的单一维度性；第二，用 Cronbach's alpha 系数来检验一个结构变量下所有观测变量的内部一致性。单一维度性是指一组观测变量仅且仅能解释和支持一个结构变量，当模型中有多个结构变量时，单一维度性的测量就比较重要了。Cronbach’s alpha 可以看作是测量同一个结构变量的所有测量指标之间的平均相关系数。

第一步，使用 EFA 检验测量指标的单一维度性。因子分析是一种通过对大量观测变量的相关系数进行分析，将高度相关的观测变量聚合，提炼形成因子的方法，这些因子被称为潜变量或结构变量，它们可以用来代表庞大的观测变量参与数据分析。探索性因子分析不对观测变量与结构变量之间的关系进行规定，让观测变量自由聚合。只有内部相关性高的观测变量才能聚合到一个因子上，当观测变量对因子的载荷系数大于 0.5 时，则说明这个观测变量聚合到这个因子上。有些观测变量可能聚合到两个因子上，例如因子载荷分别为 0.51 和 0.59，这种情况下，则说明该观测变量不满足单一维度性。

在进行 EFA 之前，需要判断数据是否适合进行因子分析，观测变量之间是否至少存在两个变量是高度相关的。KMO 和 Bartlett 的球型检验都是检验观测变量之间的相关程度的。一般认为 KMO 的数值在 0.80 以上，适合进行因子分析；0.70 以上尚可进行因子分析（Hair et al.，1998）；Bartlett 的球型检验结果显著性小于 0.05，则说明观测变量适合进行因子分析。本文中，所有观测变量的 KMO 值为 0.827，Bartlett 球型检验的显著性为 0.000，显著小于 0.05，因此，观测变量适合进行因子分析。

本书采用主成分分析法，通过相关矩阵来抽取因子，并使用最大变异法对因子进行正交转轴，以确定最终的因子个数。EFA 结果如表 5.6 所示，所有的观测变量在它们应该支持的结构变量上的因子载荷都大于 0.5，而在它们不应该支持的结构变量上的因子载荷都比较低。因此，所有的观测变量都仅能支持一个结构变量，满足单一维度性的要求。

表 5.6　　　　探索性因子分析结果

	因子载荷							
	强制权力	分配公平	互动公平	投机	非强制权力	程序公平	经济不确定性	法律弱保护性
DJ1	0.116	**0.783**	0.280	0.061	0.118	0.111	-0.077	-0.007
DJ2	-0.006	**0.783**	0.262	0.027	0.253	0.140	-0.047	0.000
DJ3	0.027	**0.869**	0.091	-0.005	0.085	0.071	-0.074	-0.016
DJ4	-0.003	**0.837**	0.123	-0.037	0.202	0.109	0.003	-0.081
PJ1	-0.006	0.161	0.158	-0.032	0.237	**0.802**	-0.002	-0.053
PJ2	-0.042	0.053	0.193	0.048	0.023	**0.868**	0.026	-0.080
PJ3	-0.103	0.161	0.228	-0.046	0.099	**0.839**	0.026	-0.045
IJ1	0.026	0.169	**0.584**	-0.106	0.264	0.375	-0.016	0.098
IJ2	-0.011	0.298	**0.528**	-0.093	0.288	0.297	-0.020	0.060
IJ3	0.064	0.133	**0.717**	0.146	0.249	0.078	-0.052	0.048
IJ4	0.036	0.211	**0.790**	-0.090	0.212	0.114	0.004	0.007
IJ5	0.035	0.147	**0.741**	-0.053	0.109	0.180	0.036	-0.040
CP1	**0.729**	-0.073	-0.012	0.178	0.109	0.039	0.034	0.117
CP2	**0.841**	0.037	0.055	0.091	0.003	-0.053	0.080	-0.033
CP3	**0.831**	-0.012	0.074	0.155	-0.048	-0.087	0.181	-0.022
CP4	**0.810**	0.038	0.113	0.105	-0.090	-0.105	0.137	-0.047
CP5	**0.730**	0.135	-0.078	0.057	0.173	0.057	0.037	0.102
NCP1	0.024	0.213	0.111	-0.091	**0.807**	0.044	-0.004	-0.013
NCP2	0.057	0.225	0.281	-0.031	**0.770**	0.129	-0.034	0.093
NCP3	0.038	0.089	0.278	-0.024	**0.761**	0.036	-0.014	0.100
NCP4	0.047	0.124	0.201	-0.156	**0.722**	0.236	-0.017	0.110
LU1	0.041	-0.027	0.235	0.066	0.111	-0.126	-0.004	**0.710**
LU2	0.064	-0.017	-0.022	0.129	0.075	0.065	0.105	**0.837**
LU3	-0.007	-0.041	-0.102	0.095	0.038	-0.085	0.139	**0.809**
EU1	0.085	0.074	0.040	0.140	-0.085	0.016	**0.783**	0.032
EU2	0.061	-0.039	0.142	0.106	0.099	-0.008	**0.824**	0.132
EU3	0.236	-0.208	-0.145	0.215	0.054	0.017	**0.734**	-0.057
EU4	0.096	-0.061	-0.088	0.104	-0.092	0.018	**0.691**	0.127

续表

	因子载荷							
	强制权力	分配公平	互动公平	投机	非强制权力	程序公平	经济不确定性	法律弱保护性
OPP1	0.184	-0.068	-0.023	**0.774**	-0.025	-0.056	0.074	0.038
OPP2	0.116	0.029	0.015	**0.860**	-0.128	0.037	0.085	0.077
OPP3	0.156	0.020	-0.061	**0.824**	-0.107	0.045	0.244	0.103
OPP4	0.117	0.048	-0.033	0.796	-0.017	-0.069	0.178	0.113
特征值	3.325	3.149	2.951	2.944	2.937	2.572	2.525	2.022
总方差解释	70.075%							

第二步，使用 Cronbach's alpha 检验观测变量的内部一致性。一般认为 Cronbach's alpha 系数值至少应该大于0.6（Flynn et al.，1990）。本书 Cronbach's alpha 的结果如表5.7所示，所有变量的 Cronbach's alpha 系数值都大于0.7，因此，本书观测变量具有较好的信度。

表5.7　　信度分析结果

结构变量	指标数量	Cronbach's alpha
分配公平	4	0.891
程序公平	3	0.868
互动公平	5	0.834
非强制权力	4	0.850
强制权力	5	0.863
法律环境不确定性	3	0.735
市场环境不确定性	4	0.793
投机行为	4	0.869

5.3.3 效度检验

虽然信度很重要，但是信度高只是结构变量被准确测量的一个必要条件，还需要考虑测量的效度。效度是指观测变量对结构变量测量的准确度。以打靶的例子来讲，信度是指子弹落点集中的程度，而效度是指子弹落点正中靶心的程度。效度通常包括内容效度和构建效度。内容效度是指观测变量与结构变量在概念定义上的接近程度，即可以从观测变量的字面意思上看出该观测变量属于哪个结构变量。例如，测量分配公平的测量指标中应该与结果、利益相关，不应该出现与态度、尊重相关的测量。内容效度一般由研究者和专家来判断。本书从两个方面对内容效度提供保证：一方面，研究中所使用的观测变量和与之相关的结构变量都来自发表在权威期刊的现有文献，内容效度已经得到前人研究的验证；另一方面，通过与企业经理人和专家进行深入访谈，就每个问题进行沟通，了解他们的理解和看法，判断观测变量是否与结构变量在概念上高度关联，并对产生歧义的措辞进行修改。

构建效度是指一组观测变量能够真实地测量理论上它们应该测量的结构变量的程度，反映了测量的准确程度。构建效度可以从聚合效度和区分效度两个方面衡量。聚合效度是指测量同一个结构变量的观测变量都应该在该结构变量上聚合和收敛。聚合效度保证了观测变量与结构变量之间的高度相关。区分效度是指每个结构变量都能够与其他结构变量显著区分开。区分效度保证每个结构变量所代表的含义以及所测量的概念的唯一性。

表 5.8　　用 CFA 和 AVE 检验聚合效度的结果

结构变量	观测变量	因子载荷	t 值	AVE
分配公平	DJ1	0. 80	14. 48	0. 673
	DJ2	0. 86	15. 94	
	DJ3	0. 79	14. 24	
	DJ4	0. 82	14. 97	
程序公平	PJ1	0. 79	13. 91	0. 687
	PJ2	0. 84	15. 02	
	PJ3	0. 86	15. 67	
互动公平	IJ1	0. 75	12. 82	0. 510
	IJ2	0. 73	12. 32	
	IJ3	0. 63	10. 27	
	IJ4	0. 78	13. 56	
	IJ5	0. 67	11. 05	

续表

结构变量	观测变量	因子载荷	t 值	AVE
非强制权力	NCP1	0.73	12.48	0.595
	NCP2	0.86	15.73	
	NCP3	0.75	12.90	
	NCP4	0.74	12.69	
强制权力	CP1	0.62	10.13	0.564
	CP2	0.76	13.33	
	CP3	0.89	16.91	
	CP4	0.84	15.42	
	CP5	0.61	9.97	
法律环境不确定性	LU1	0.58	8.50	0.493
	LU2	0.79	11.63	
	LU3	0.73	10.76	
市场环境不确定性	EU1	0.70	11.20	0.500
	EU2	0.75	12.22	
	EU3	0.75	12.30	
	EU4	0.62	9.64	
投机行为	OPP1	0.68	11.53	0.633
	OPP2	0.82	14.85	
	OPP3	0.88	16.58	
	OPP4	0.78	13.77	

验证性因子分析（confirmative factor analysis，CFA）为聚合效度的检验提供了两种方法（O'Leary-Kelly & Vokurka，1998）。第一种方法是通过观测变量到结构变量之间的因子载荷的大小来判断聚合效度，如果因子载荷很大（一般需要超过0.5），并且所有因子载荷的 t 检验值都显著，则认为聚合效度较好。本书中，所有观测变量的因子载荷都大于0.5（表5.8），并且所有的 t 值都在0.01的显著性水平上显著（t 值大于2.58），CFA 的拟合指标为 $\chi^2=792.65$，d.f. = 436，RMSEA = 0.056，NNFI = 0.94，CFI = 0.95，Standardized RMR = 0.059，说明观测变量的聚合效度较好。第二种方法是通过平均抽取方差（average variance extracted，AVE）的大小来检验聚合效度。AVE 代表了结构变量对它下面的一组观测变量解释的方差平均值。AVE 的算法是用每个结构变量下的观测变量的因

子载荷的平方值加总然后除以观测变量的数目。AVE 的数值越高，说明结构变量被这组观测变量测量的越准确。一般来讲，AVE 大于 0.5 则说明观测变量对结构变量具有很高的聚合效度。本书中各结构变量的 AVE 如表 5.8 所示。从表5.8中可以看出，只有法律不确定性的 AVE 值略低于0.5（0.493），其他变量的 AVE 值都高于或等于0.5。因此，可以认为本书中变量满足聚合效度的要求。

验证性因子分析为区分效度的检验也提供了两种方法。第一种方法是将两个结构变量之间的相关系数设为1，然后比较这种限制条件下的 CFA 结果与自由估计模型的 CFA 结果，如果两个模型得到的卡方（Chi - square）差值显著（卡方差大于3.84 时在0.05 的显著性水平上显著；卡方差大于6.64 时在0.01 的显著性水平上显著），则说明这两个结构变量是可以区分的。本书中，比较自由估计的 CFA 模型和所有成对的结构变量相关系数设为1 的 CFA 模型之后所得的卡方差如表5.9 所示。结果表明所有的卡方差值在0.01 的水平上都是显著的，说明满足区分效度。第二种方法是使用 AVE 检验区分效度。具体做法是将两个结构变量的 AVE 的平方根与它们之间的相关系数进行对比，如果 AVE 的平方根大于两个结构变量的相关系数，则说明这两个结构变量是可以区分的。本书中用 AVE 检验区分效度的结果如表5.10 所示。从表5.10 中可以看出，每个结构变量 AVE 的平方根都大于它与任何结构变量的相关系数，说明结构变量之间的区分效度是满足的。

表5.9　　用 CFA 检验区分效度的结果

	DJ	PJ	IJ	CP	NCP	LU	EU	OPP
分配公平（DJ）	—							
程序公平（PJ）	297.4	—						
互动公平（IJ）	218.9	199.5	—					
强制权力（CP）	521.5	344.2	406.8	—				
非强制权力（NCP）	284.2	288.9	138.6	404.1	—			
法律环境不确定性（LU）	160.1	161.5	157.6	158.1	151.0	—		
市场环境不确定性（EU）	277.9	341.8	273.4	231.6	281.6	145.1	—	
投机行为（OPP）	522.2	343.3	409.7	462.1	392.6	144.7	204.6	—

表 5.10 用 AVE 检验区分效度的结果及描述性统计分析

	DJ	PJ	IJ	CP	NCP	LU	EU	OPP
分配公平（DJ）	**0.82**							
程序公平（PJ）	0.31**	**0.83**						
互动公平（IJ）	0.51**	0.49**	**0.71**					
强制权力（CP）	0.00	-0.07	0.08	**0.75**				
非强制权力（NCP）	0.42**	0.33**	0.58**	0.08	**0.77**			
法律环境不确定性（LU）	-0.02	-0.10	0.07	0.10	0.16*	**0.70**		
市场环境不确定性（EU）	-0.12	-0.01	-0.04	0.28**	-0.05	0.20**	**0.71**	
投机行为（OPP）	-0.04	-0.06	-0.08	0.32**	-0.16*	0.22**	0.36**	**0.80**
均值	4.89	4.66	5.07	3.35	5.04	4.46	3.69	3.10
标准误差	0.904	1.197	0.860	1.194	1.045	1.245	1.227	1.176

注：* 表示 $p<0.05$；** 表示 $p<0.01$；对角线上的黑体数字为 AVE 的平方根。

5.3.4 变量描述性统计分析

本书中结构变量的均值、标准误差和相关系数的描述性统计分析如表 5.10 所示，从表 5.10 中可以看出，研究所提假设的变量之间相关系数在统计意义上基本都是显著的，说明可以对这些变量进行进一步的统计分析。另外，从相关系数的列表中可以看出，只有互动公平和程序公平的相关系数（0.51）、互动公平和非强制性权力的相关系数（0.58）略大于 0.5，其他变量的相关系数都显著小于 0.5，因此，本书的各结构变量之间不存在高度相关的关系，多重共线性应该不是一个严重的问题。

第 6 章　模型检验与结果讨论

本章对研究所提的所有假设进行检验。具体而言，使用结构方程模型的方法对公平与权力的关系，以及权力和环境不确定性与投机的关系进行检验；使用层次回归的方法验证法律环境不确定性和市场环境不确定性对权力与投机关系的调节作用；使用聚类分析的方法探索公平和权力的模式，然后使用 ANOVA 分析检验不同模式的作用。

6.1　结构方程模型检验

结构方程模型（structural equation modeling，SEM）是用于检验多个变量之间关系的多元统计方法。与多元回归相同的是，它们都是用一组方程来表示变量之间的关系；不同的是，结构方程模型可以同时估计多个自变量与多个因变量之间的关系；而回归分析只能估计多个自变量与一个因变量之间的关系。因此，结构方程模型对多个变量之间关系的检验是一种更有效率的方法。结构方程模型一般使用协方差矩阵对模型进行估计，即将观测到的协方差矩阵与由理论推导得出的协方差矩阵进行比较，模型拟合度根据这两个协方差矩阵的差异进行计算，当两个协方差矩阵差异较小时，模型拟合度好，即观测到的变量之间的关系满足理论推导。结构方程模型包括了测量模型和结构模型两部分。测量模型表示了观测变量与结构变量之间的关系；而结构模型表示了各个结构变量之间的关系。本章节按照观测模型和结构模型的顺序对变量之间的关系进行检验。

6.1.1 公平对权力的作用

1. 测量模型

测量模型描述了观测变量和结构变量之间的关系，测量模型最主要的作用是对变量的信度和效度进行检验。在第 5 章中，研究者对所有变量进行了一个整体的 CFA 检验，已经检验了变量的信度和效度。本节将对结构模型中涉及的变量进行测量模型拟合度的检验。在 CFA 模型中放入公平的三个维度和权力的两个维度的所有测量变量之后，CFA 结果的拟合指标如表 6.1 所示，从表 6.1 中可以看出，所有的拟合指标都比胡和本特勒（Hu and Bentler，1999）建议的阈值要好，因此，公平与权力关系的测量模型是可以接受的。

表 6.1　公平与权力测量模型拟合指标

拟合指标	拟合值	建议的拟合指标的范围
卡方值/自由度	395.33/179	<5
RMSEA	0.071	<0.08
NNFI	0.95	>0.9
CFI	0.96	>0.9
Standardized RMR	0.058	<0.08

2. 结构模型

经过检验，本书的样本基本符合正态分布的要求，样本量也满足结构方程模型的要求（一般大于 200）。本书使用 LISTREL8.7 软件，基于最大似然估计法对结构模型进行验证。公平与权力之间关系的结构模型的结果如表 6.2 所示。模型的拟合指标如表 6.3 所示，从表 6.3 中可以看出，所有的拟合指标都比胡和本特勒（1999）建议的阈值要好，因此，公平与权力关系的结构模型是可以接受的。

表 6.2　　公平影响权力的 SEM 结果

假设	路径系数	t 值	显著性	结果
H1a：分配公平──→非强制权力	0.16	2.06	0.05 水平显著	支持
H1b：分配公平──→强制权力	0.04	0.41	不显著	拒绝
H2a：程序公平──→非强制权力	-0.04	-0.47	不显著	拒绝
H2b：程序公平──→强制权力	-0.22	-2.28	0.05 水平显著	支持
H3a：互动公平──→非强制权力	0.61	5.63	0.01 水平显著	支持
H3b：互动公平──→强制权力	0.16	1.38	不显著	拒绝

表 6.3　　公平与权力结构模型拟合指标

拟合指标	拟合值	建议的拟合指标的范围
卡方值/自由度	395.33/180	<5
RMSEA	0.071	<0.08
NNFI	0.95	>0.9
CFI	0.96	>0.9
Standardized RMR	0.058	<0.08

从表 6.2 可以看出，在提出来的六个假设中，有三个假设得到了支持。其中分配公平和互动公平正向影响非强制权力，对强制权力没有显著影响；程序公平会降低强制权力的使用，对非强制权力没有显著影响。此外，卡方差的检验还发现，互动公平与分配公平对非强制权力的影响在统计意义上有显著差异（卡方差为 8.38 >3.84），说明互动公平比分配公平对非强制权力的作用更大。

6.1.2　权力和环境因素对投机的作用

1. 测量模型

本节检验权力、不确定性和投机的测量模型，在 CFA 模型中放入权力的两个维度，环境不确定性的两个方面和投机行为的所有的观测变量之后，CFA 结果的拟合指标如表 6.4 所示，从表中可以看出，所有的拟合指标都比胡和本特勒（1999）建议的阈值要好，因此，权力、不确定性与投机行为之间关系的测量模型是可以接受的。

表 6.4　　权力、环境因素和投机测量模型拟合指标

拟合指标	拟合值	建议的拟合指标的范围
卡方值/自由度	318.46/160	<5
RMSEA	0.061	<0.08
NNFI	0.94	>0.9
CFI	0.95	>0.9
Standardized RMR	0.056	<0.08

2. 结构模型

本书依然使用 LISTREL8.7 软件，基于最大似然估计法对结构模型进行验证。权力、不确定性和投机之间关系的结构模型的结果如表 6.5 所示，模型的拟合指标如表 6.6 所示，从表中可以看出，所有的拟合指标都比胡和本特勒（1999）建议的阈值要好，因此，权力、不确定性和投机之间关系的结构模型是可以接受的。

表 6.5　　权力和环境因素影响投机的 SEM 结果

假设	路径系数	t 值	显著性	结果
H4：非强制权力⟶投机行为	-0.21	-3.03	0.01 水平显著	支持
H5：强制权力⟶投机行为	0.25	3.31	0.01 水平显著	支持
H6：法律不确定性⟶投机行为	0.22	2.82	0.01 水平显著	支持
H7：市场不确定性⟶投机行为	0.29	3.55	0.01 水平显著	支持

从表 6.6 可以看出，提出来的四个假设都得到了支持。非强制权力可以降低投机，强制权力、法律环境不确定性和市场环境不确定性会提高投机。研究者还进行了一系列卡方检验，发现强制权力、法律不确定性和市场不确定性对投机行为的影响没有统计意义上的显著差别。

表 6.6　　　　权力和环境因素影响投机的结构模型拟合指标

拟合指标	拟合值	建议的拟合指标的范围
卡方值/自由度	318.46/160	<5
RMSEA	0.061	<0.08
NNFI	0.94	>0.9
CFI	0.95	>0.9
Standardized RMR	0.056	<0.08

6.2　回归模型检验

多元回归分析是一种用来检验一组自变量与一个因变量之间关系的多元统计技术，在管理学的研究中是最广泛使用的方法。虽然相比结构方程模型，回归分析无法同时检验多个自变量与多个因变量的关系，但是回归分析特别适合做交互作用（调节作用）的检验。但是，要进行回归分析，数据必须满足一定的假设：

（1）线性假设，即自变量与因变量之间存在线性关系，通过自变量与因变量的散点图进行检验。

（2）方差齐性假设，即误差项方差的大小不随变量的取值发生变量，通过学生化残差相对于标准化之后的因变量的散点图进行检验。

（3）误差项独立假设，即自变量之间没有显著关系，不能互相影响，通过 Durbin-Watson（DW）值进行检验。

（4）残差项正态分布假设，即回归模型中的残差项服从正态分布，通过绘制残差的正态概率图进行检验。

本书在进行回归之前以及在回归过程中，对这些假设进行了检验，样本数据基本满足这些假设要求，可以进行下一步的回归分析。

6.2.1　法律环境不确定性的调节作用检验

1. 层次回归步骤

本书在 SPSS 分析软件中使用层次回归的方法对法律环境不确定性的调节作用进行检验。首先，在模型 1 中只加入了控制变量。本书中选用了三个控制变量，分别是企业规模（用员工人数来表示），行业（用哑变量来表示，行业 1 表示制药/医疗行业；行业 2 表示金属制品行业；行业 3 表示机械行业；其他行业作为基底）和所有制（用哑变量来表示，所有制 1 表示地方、央企和国有政府所控制的所有制类型，所有制 2 表示外资与合资所有制类型，私人所有制的企业为基底）。在模型 2 中加入了主效应强制权力和非强制权力；在模型 3 中，加入了调节变量法律不确定性；在模型 4 中，加入了去中心化之后相乘的交互性（自变量和调节变量分别减去各自均值，然后在相乘以降低多重共线性对模型的影响）。回归分析结果如表 6.7 所示，从表 6.7 中可以看出，从模型 1 到模型 4，所有的 R^2 改变量都是显著的（$p<0.01$），说明加入调节作用对整体模型的贡献很大，调节作用是显著的。在这些模型中，方差膨胀因子（variance inflation factor，VIF）的最大值为 1.154，远远小于 10 的阈值，因此，研究中不存在严重的多重共线性的问题。

表 6.7　　　　法律环境不确定性的调节作用的回归分析结果

自变量	因变量:供应商投机行为			
	模型 1	模型 2	模型 3	模型 4
常数项	**3.12**** (0.235)	**2.94**** (0.477)	**2.29**** (0.509)	**2.30**** (0.500)
企业规模	0.05(0.065)	0.04(0.061)	0.07(0.061)	0.08(0.060)
行业 1	−0.02(0.219)	−0.02(0.207)	−0.15(0.207)	−0.12(0.203)
行业 2	0.15(0.273)	0.15(0.257)	0.17(0.252)	0.29(0.250)
行业 3	0.01(0.221)	0.10(0.214)	−0.01(0.213)	0.03(0.210)
所有制 1	0.31(0.289)	0.20(0.273)	0.11(0.269)	−0.05(0.272)
所有制 2	**−0.43*** (0.185)	**−0.39*** (0.175)	**−0.37*** (0.171)	**−0.39*** (0.168)
制造商非强制权力（NCP）		**−0.18*** (0.073)	**−0.22**** (0.073)	**−0.24**** (0.072)
制造商强制权力(CP)		**0.32**** (0.063)	**0.29**** (0.062)	**0.28**** (0.061)
法律环境不确定性（LU）			**0.20**** (0.063)	**0.22**** (0.063)
NCP × LU				**−0.12*** (0.054)
CP × LU				**0.12**** (0.043)
调整后的 R^2 值	0.019	0.133	0.169	0.200

续表

自变量	因变量：供应商投机行为			
	模型1	模型2	模型3	模型4
F值	1.722	5.238	5.977	6.013
p值（显著性）	0.117	0.000	0.000	0.000
R^2的改变量	0.046	0.119	0.038	0.037
F值的改变量	1.722	15.110	10.097	5.126
改变量的p值	0.117	0.000	0.002	0.007

注：* 表示 $p<0.05$；** 表示 $p<0.01$；括号内的值为标准误差；黑色加粗表示显著的回归系数。

2. 回归分析结果

模型1中只加入了控制变量，R^2值为0.019，显著性指标为0.117，模型对因变量的解释不显著，因此，企业规模和行业、所有制对投机行为没有很大的影响。从模型1到模型2，R^2变化量为0.119（$p=0.000$），在0.01的显著性水平上显著，说明模型2中的强制权力和非强制权力对投机行为的解释力度比较显著。模型2中，与结构方程模型的结果一样，强制权力显著提高投机行为（$b=0.32$，$p=0.000$），非强制权力显著降低投机行为（$b=-0.18$，$p=0.017$）。从模型2到模型3，R^2变化量为0.038（$p=0.002$），在0.01的显著性水平上显著，说明模型3中的法律环境不确定性对投机行为的解释力度较显著。结果表明，与结构方程模型结果一样，法律环境不确定性对投机行为有直接的提高作用（$b=0.20$，$p=0.002$）。从模型3到模型4中，R^2变化量为0.037（$p=0.007$），在0.01的显著性水平上显著，说明模型4中的交互项对投机行为的解释力度显著提升。具体而言，法律不确定性与强制权力的交互项的系数为正，并且显著（$b=0.12$，$p=0.008$），综合考虑它们的主效应，说明法律环境不确定性加强了强制权力对投机的促进作用；法律不确定性与非强制权力的交互项的系数为负，并且显著（$b=-0.12$，$p=0.030$），综合考虑它们的主效应，说明法律环境不确定性加强了非强制权力对投机的抑制作用。假设检验的结果如表6.8所示。

表 6.8　　调节作用假设检验结果

假设	回归系数	t 值	显著性	结果
H8a：法律不确定性正向调节非强制权力与投机之间关系	-0.12	-2.191	0.05 水平显著	支持
H8b：法律不确定性正向调节强制权力与投机之间关系	0.12	2.665	0.01 水平显著	支持
H9a：市场环境不确定性负向调节非强制权力与投机之间关系	0.11	2.155	0.05 水平显著	支持
H9b：市场环境不确定性正向调节强制权力与投机之间关系	0.10	2.385	0.05 水平显著	支持

6.2.2　市场环境不确定性的调节作用检验

1. *层次回归步骤*

对市场环境不确定性的调节作用的检验也使用层次回归的方法。首先，在模型 1 中只加入了控制变量：企业规模和行业、所有制类型。在模型 2 中加入主效应强制权力和非强制权力；在模型 3 中，加入调节变量市场环境不确定性；在模型 4 中，加入了去中心化之后市场环境不确定性与两种权力分别相乘的交互性。回归分析结果如表 6.9 所示，从表 6.9 中可以看出，从模型 1 到模型 4，所有的 R^2 改变量都是显著的（$p<0.01$），说明加入调节作用对整体模型的贡献很大，调节作用是显著的。在这些模型中，方差膨胀因子 VIF 的最大值为 1.152，远远小于 10 的阈值，因此，研究中不存在严重的多重共线性的问题。

表 6.9　　市场环境不确定性的调节作用的回归分析结果

自变量	因变量:供应商投机行为			
	模型 1	模型 2	模型 3	模型 4
常数项	**3.12****(0.235)	**2.94****(0.477)	**2.03****(0.513)	**2.27****(0.506)
企业规模	0.05(0.065)	0.04(0.061)	0.07(0.059)	0.06(0.058)
行业 1	-0.02(0.219)	-0.02(0.207)	0.07(0.201)	0.09(0.196)
行业 2	0.15(0.273)	0.15(0.257)	0.14(0.248)	0.16(0.243)
行业 3	0.01(0.221)	0.10(0.214)	0.16(0.207)	0.10(0.204)

续表

自变量	因变量:供应商投机行为			
	模型1	模型2	模型3	模型4
所有制1	0.31(0.289)	0.20(0.273)	0.08(0.266)	0.16(0.261)
所有制2	**−0.43***(0.185)	**−0.39***(0.175)	**−0.39***(0.169)	**−0.37***(0.165)
制造商非强制权力(NCP)		**−0.18***(0.073)	**−0.16***(0.070)	**−0.16***(0.071)
制造商强制权力(CP)		**0.32****(0.063)	**0.24****(0.063)	**0.24****(0.063)
市场环境不确定性(EU)			**0.25****(0.063)	**0.20****(0.064)
NCP×EU				**0.11***(0.051)
CP×EU				**0.10***(0.041)
调整后的 R^2 值	0.019	0.133	0.190	0.228
F值	1.722	5.238	6.778	6.950
p值(显著性)	0.117	0.000	0.000	0.000
R^2 的改变量	0.046	0.119	0.059	0.043
F值的改变量	1.722	15.110	16.120	6.220
改变量的p值	0.117	0.000	0.000	0.002

注：* 表示 $p<0.05$；** 表示 $p<0.01$；括号内的值为标准误差；黑色加粗表示显著的回归系数。

2. 回归分析结果

模型1中，只加入了控制变量，R^2 值为0.019，显著性指标为0.117（>0.05），模型对因变量的解释不显著，因此，企业规模、行业和所有制对投机行为没有很大影响。从模型1到模型2，R^2 变化量为0.119（$p=0.000$），在0.01的显著性水平上显著，说明模型2中的强制权力和非强制权力对投机行为的解释力度比较显著。结果表明强制权力显著提高投机行为（$b=0.32$，$p=0.000$），非强制权力显著降低投机行为（$b=-0.18$，$p=0.017$）。从模型2到模型3，R^2 变化量为0.059（$p=0.000$），在0.01的显著性水平上显著，说明模型3中的市场环境不确定性对投机行为的解释力度较显著。结果表明，调节变量市场环境不确定性对投机行为有直接的提高作用（$b=0.25$，$p=0.000$）。从模型3到模型4中，R^2 变化量为0.043（$p=0.002$），在0.01的显著性水平上显著，说明模型 4 中的交互项对投机行为的解释力度显著提升。具体而言，市场环境不确定性与强制权力的交互项的系数为正，并且显著（b = 0.10，p = 0.018），综合考虑它们的主效应，说明市场环境不确定性加强了强制权力对投机的促进作用；市场环境不确定性与非强制权力的交互项的系数也为正，并且显著（b = 0.11，p = 0.032），综合考虑它们的主效应，说明市场环境不确定性减弱了非强制权力对投机的抑制作用。假设检验的结果总结如表 6.8 所示。

6.3 公平和权力的结构化检验

聚类分析是根据研究对象的特征对研究对象进行分类，使得同一类别内研究对象的相似性最大化，而不同类别间的研究对象的差异最大化的一种多元统计分析方法。聚类分析与因子分析不同的是，因子分析是根据变量之间的相关程度对变量进行分类，而聚类分析则是根据对象（objects）（如答卷者、产品等）之间距离的远近对对象进行分类。海尔等（Hair et al.，2010）提出，聚类分析一般有三个用途：分类法描述，基于实证数据探索对象的模式；数据简化，基于对象特征对对象进行分组，进行进一步的统计分析；关系识别，不同组间特征的差异可能会产生不同的作用。本书首先使用聚类分析对样本企业进行分类，探索公平和权力的模式，然后探索不同模式的作用有何不同。在进行聚类分析之前，需要思考三个问题：第一，根据哪些因素进行分类？第二，用什么方法进行分类？第三，要分成几类？本书以下章节对公平和权力进行聚类分析时，会对这三个问题予以明确说明。

6.3.1 公平的模式及其作用

1. 公平模式的分类

第一步，需要选择对样本企业进行分类的特征变量，本书探索公平的模式，因此选择公平的三个维度：分配公平、程序公平和互动公平作为聚类变量，以此为特征可以保证同一类别内的样本企业在分配、程序和互动公平上具有相似的特征，而不同类别间的样本在三种公平具有完全不同的特征，因此，分组之后的类别即解释了公平存在的模式。

第二步，需要选择聚类的方法。本书中使用最常用的分层聚类法中的归并法，即最初每个对象各自成组，下一步将特征或距离最近的两组集结成新的一组，直至最后一步把所有变量集结成一个大组。因此，根据这种方法，如果有N个样本需要分组，最初的组数为N，需要经过N-1次归并，最后形成一个大组。

第三步，确定分组的数目。层次聚类的方法将对象从N组聚类到1组，其中应该有一种最适合的聚类组数。确定这个聚类组数的方式需要根据异质性的变化，异质性值测量了组间的差异。在归并法中，用归并系数表示异质性值。在归并的过程中，每归并成一个新的组数，就会形成一个归并系数。一般认为归并系数百分比的提高最大时，组间的异质性程度最高，分组可以停止在这里。本书中，通过归并法得出的归并系数百分比的变化率显示归并系数从5组变成4组时显著提升，而从4组变成3组时，急剧下降，说明对公平分成4组是最适合的（Ketchen Jr and Shook，1996）。

最后一步，在确定了聚类组数之后，使用非层次聚类法中的K-means聚类方法，直接输入聚类的组数，将对象按照一定的特征分配到不同组里面，标准依然是最小化组内的距离，最大化组间的距离。本书最终对公平得到的聚类结果如表6.10所示。

表6.10　　公平聚类结果表

分组类别	分配公平	程序公平	互动公平	样本量
低分配公平模式	3.90	5.26	5.15	27
低公平均衡模式	3.93	3.66	3.87	43
高公平均衡模式	5.45	5.58	5.47	107
低程序公平模式	5.02	3.53	5.16	63
F统计值	84.82***	149.25***	65.78***	

注：***表示 $p<0.001$。

通过公平的强度和平衡度来解释聚类分析的结果。其中一种公平模式中程序公平和互动公平很高，而分配公平很低，被命名为低分配公平模式；还有一种公平模式中分配公平和互动公平很高，而程序公平很低，被命名为非程序公平模式；这两种公平模式都是不平衡的。另外两种公平模式，在公平的三个公平维度上水平相当，平衡度较高，三种公平都高的被命名为高公平均衡模式，三种公平都低的被命名为低公平均衡模式。

使用判别分析对公平的强度和均衡度两个标准进行检验。表 6.11 表明前两个函数的特征值都大于或接近 1，解释了 93.7% 的方差。表 6.12 表明公平的三个维度对于形成函数 1 都很重要，根据这个标准，聚类组别可以分为低强度（低公平均衡模式）、中强度（低分配公平模式和低程序公平模式）和高强度（高公平均衡模式）。因此，函数 1 代表了公平的强度，对于区分不同模式是最重要的指标。函数 2 代表了公平的平衡度，分配公平和互动公平的载荷是正的，程序公平的载荷是负的。平衡度将公平模式分为高平衡模式（高公平均衡模式和低均衡模式）和低平衡模式（低分配公平模式和低程度公平模式）。尽管统计上显著，但是平衡度不如强度对公平模式的解释力度大。

表 6.11　　公平模式判别分析结果

作用	特征值	方差解释	累计方差解释	典型相关
1	2.146	65.7	65.7	0.826***
2	0.914	28.0	93.7	0.691***
3	0.206	6.3	100.0	0.414

注：*** 表示 $p<0.001$。

表 6.12　　公平模式标准化判别分析函数系数

	函数	
	1	2
分配公平	0.386	0.686
程序公平	0.799	-0.669
互动公平	0.174	0.490

此外，判别分析的结果表明这两个函数分别有 95.4% 和 95% 的样本企业被正确分类，表明两个函数对分类的解释力度很高。因此，总体来讲，聚类分析的结果表明，可以根据公平的强度和平衡度把公平分成不同的模式。

2. 不同模式的公平对权力的作用

使用方差分析中的LSD检验进行两两比较，检验公平的不同模式如何影响权力的使用。从结果（表6.13）可以看出，对于非强制权力来讲，高公平均衡模式与低程序公平模式之间没有显著差别，说明程序公平对于提高非强制权力不重要；高公平均衡模式与低分配公平模式有显著差别，说明分配公平对于提高非强制权力作用显著；低公平模式与其他三种模式之间都有显著差别，说明三种公平都低时，对非强制权力的提升最小。对于非强制权力的影响与维度化分析的结果一致。此外，虽然四种模式对于影响强制权力没有统计上的显著差别，但是在程序公平低的模式下，强制权力的数值最大比其他模式都大，可以说明程序公平对于影响强制权力作用最显著，与前面章节中维度化分析的结论一致。假设检验的结果总结如表6.14所示。

表6.13　　　　公平模式的方差分析

	低分配公平模式（cluster 1）	低公平均衡模式（cluster 2）	高公平均衡模式（cluster 3）	低程序公平模式（cluster 4）	F
非强制权力	4.88（2，3）	4.14（1，3，4）	5.39（1，2）	5.11（2）	18.07^{***}
强制权力	3.16	3.24	3.35	3.50	0.67

注：*** p 表示 <0.001。

表6.14　　　　公平与权力模式的假设检验结果

假设	结果
假设10：供应链上公平会表现出不同的模式	支持
假设11：不同的公平模式对权力的影响不同	支持
假设12：供应链上权力的使用会表现出不同的模式	支持
假设13：不同的权力模式对投机行为的影响不同	支持

6.3.2　权力的模式及其作用

1. 权力模式的分类

研究按照同样的方法对权力的模式进行分类。聚类变量为企业对强制权力和非强制权力两种权力的使用状况。层次聚类法的归并系数变化率显示，从3组到2组时，归并系数变化百分比显著提升，从2组到1组时，归并系数百分比显著下降，因此，将样本企业分成2组是合适的。使用K－means聚类方法，输入聚类组数2，得到的聚类结果表如6.15所示。

表6.15　权力聚类结果表

分组类别	强制权力	非强制权力	样本量
高强制权力模式	4.42	5.16	109
低强制权力模式	2.46	4.94	131
F统计值	491.27***	2.616	

注：***表示 $p<0.001$。

由于非强制权力都很高，根据强制权力的高低对模式进行命名。将强制权力高的模式称为高强制权力模式，将强制权力低的模式称为非强制权力模式。同时，判别分析的结果表明两种模式的分类只根据一个作用进行分类，作用的特征值为2.077，方差解释比为100%，经典相关为0.822，在0.001的显著性水平上显著。同时，标准化的判别系数显示，强制权力对作用的载荷为0.997，非强制权力对作用的载荷为0.079。因此，对权力的分类是根据强制权力的强度进行的，99.2%的样本企业被正确分类。总体来讲，虽然权力的使用存在不同的模式，但是对权力的分配并没有遵从权力的强度和平衡度两个维度。

2. 不同模式的权力对投机的作用

由于权力只存在两种模式，因此只能用t检验的方式对权力不同模式的作用进行检验。本节检验了权力的不同模式对投机行为的影响，结果如表6.16所示。其中，方差满足齐性要求，t检验值的统计量为3.918，在0.001的显著性水平上显著，说明两组样本对投机行为的影响有显著差异。具体来讲，该t检验的结果表明高强制权力的模式比低强制权力的模式对投机行为的促进作用更大。

表6.16 **权力不同模式的t检验结果**

	高强制权力模式 (cluster 1)	低强制权力模式 (cluster 2)	t值
投机行为	3.42	2.84	3.918***

注：*** 表示 $p<0.001$。

6.4 模型结果及讨论

6.4.1 公平对权力的影响机制

1. 分配公平对权力的影响

结构方程模型的结果表明，供应商分配公平会提高制造商使用非强制权力，对制造商的强制权力没有影响，因此假设1a得到支持，假设1b被拒绝。前人关于分配公平的研究表明分配公平可以提高员工的组织公民行为（Aryee and Chay, 2001; Colquitt et al., 2013）。在供应链管理领域，刘等（2012）发现，分配公平正向影响供应链成员的知识共享和关系投资行为。因此，分配公平与非强制权力之间的积极作用与以往研究发现一致。但是分配公平与强制权力之间的作用与以往研究不一致。例如，科尔奎特等（2013）的元分析发现，分配公平会降低员工的反生产力工作行为。因此，本书发现，与个人层面的研究不同，在供应链上，分配公平对于提高积极的合作行为比较有效，对于降低消极的合作行为效用不太显著。可能的原因是，与个体员工与组织的关系不同，供应链合作双方虽然会存在权力大小的差异，但是双方之间没有直接的从属关系，员工在组织中可能不想或者没办法获得更多控制权，但是，在供应链合作中，双方面临更多不确定性因素和风险，因此总是想方设法在合作中获取一定的控制权。从这个角度来讲，虽然分配公平可以让供应链成员对短期的利益分配结果产生满意，也能提高供应链成员的长期合作意向（Griffith et al., 2006），因而提高了非强制权力，但是，感知到分配公平无法满足供应链成员对合作关系中控制权的渴望，因此，供应商分配公平本身无法降低制造商强制权力的使用。另外，企业使用强制权力是为了攫取额外的利益（Frazier and Summers, 1986），只是让供应商感觉到收益的公平，并不能满足他们攫取额外利益的需求，因此，分配公平无法降低强制权力。

2. 程序公平对权力的影响

研究结果还发现，供应商的程序公平对于降低制造商的强制权力具有积极作用，但是程序公平对制造商的非强制权力没有显著影响，因此，假设 2a 被拒绝，假设 2b 得到支持。以往的研究表明程序公平对于提高供应链成员的知识共享和关系投资有积极作用（Liu et al. , 2012），对于提高员工的组织公民行为也有非常显著的作用（Moorman et al. , 1998）。科尔奎特等（2013）的元分析发现，程序公平对于降低员工的反生产力工作行为效果非常显著。因此，程序公平与强制权力之间的作用与前人研究一致，但是与非强制权力之间的作用与以往研究相违背。具体而言，程序公平无法提高制造商的非强制权力，可能的原因是，制造商非强制权力存在或使用的方式和目的是通过专家知识的传递或者价值观的扩散等手段对供应商的经营理念产生潜移默化的影响（Ireland and Webb, 2007）。换句话讲，制造商想通过非强制权力影响供应商做事情的方式。但是程序公平意味着在供应商制定合作决策的所有过程中，制造商可以参与和发表意见（Luo, 2007b），也就是说，制造商可以在决策制定的过程中表达希望的做事情的方式。因此，供应商的程序公平降低了制造商使用非强制权力的必要。另外，制造商感知到供应商的程序公平，让制造商对供应商更加信任，因此，制造商会做出更多有利于合作的行为（Lind, 2001）。按照这个逻辑，程序公平会提高非强制权力。因此，综合来讲，程序公平对非强制权力的平均作用变得不显著。

3. 互动公平对权力的影响

结构方程模型的结果还发现，互动公平与分配公平对权力的影响类似，互动公平会提高非强制权力，但是对强制权力没有影响，因此，假设 3a 被支持，假设 3b 被拒绝。以往研究发现，互动公平会提高供应链成员的知识共享和关系投资（Liu et al. , 2012）。赵等（2012）发现，互动公平会提高消费者的满意度。科尔奎特等（2013）的元分析发现，互动公平中的信息公平会显著降低员工的反生产力工作行为；布洛吉特等（1997）发现，互动公平对消费者的负面口碑传播行为影响最大。因此，交互行为与非强制权力之间的正面关系与以往研究一致，但是交互行为与强制权力之间的不显著关系与以往研究不同。与分配公平无法降低强制权力的原因类似，强制权力与其他的负面行为不同，强制权力使用的可能后果是对关系带来伤害，但是强制权力使用的原因和目的是为了获取控制权，攫取更多利益。而其他的负面行为的直接目的就是对组织带来伤害，例如负面口碑传播是为了宣传组织的负面形象，而反生产力工作行为则是为了降低组织绩效。因此，互动公平因为无法满足供应链合作伙伴对控制权的渴望，而无法降低强制权力。但是，互动公平让供应链成员感到被尊重和重视，因此可以提高双方长期合作意向（Griffith et al.，2006），进而提高非强制权力。研究还发现，互动公平比分配公平对非强制权力的提高作用更大。这与我国的文化有关，具体而言，由于我国“爱面子”文化现象的存在（Hwang，1987），在交易关系中被以礼相待，比获得更多利益（分配公平）甚至更被看重。此外，我国的传统文化强调“礼尚往来”，高的互动公平是指供应链成员被以礼相待，作为对“礼”的回应，供应链成员会向合作伙伴进行更多的信息交流、提供建议等积极的合作行为。

4. 理论意义

第一，通过研究供应商公平对制造商权力的影响，为供应链背景下程序公平的特殊性提供了实证依据，验证了组织行为领域的重点发现和理论在供应链领域的适用性。综合公平的不同维度对权力的影响，本书发现，程序公平对权力的作用机制与分配公平和互动公平不同。只有程序公平可以降低强制权力，分配公平和互动公平对强制权力都没有影响。但是程序公平对非强制权力没有显著作用，分配公平和互动公平可以提高非强制权力。这个整体的研究发现与以往研究类似，即程序公平有其特殊性。例如，布朗等（2006）认为，程序公平相对于分配公平，更关注于社会关系，因此对冲突的降低作用更明显。具体而言，分配公平只影响制造商对短期分配结果的满意度和后续行为，而互动公平会影响制造商对供应商的业务代表的满意度和后续行为，只有供应商的程序公平影响着制造商对供应商以及合作关系的态度和行为。程序公平意味着在利益分配以及决策者制定的过程中，制造商拥有话语权，一方面满足了制造商对控制权的渴望，另一方面也让制造商的长期利益得到了保障。因此，程序公平从这两个角度降低了制造商使用强制权力的必要性。

此外，学者们认为，只有程序公平能够让制造商认同供应商以及看重与供应商的合作关系（Blader and Tyler，2009），也只有程序公平能够让制造商愿意牺牲自己的利益服从整个供应链合作关系的利益（Lind and Tyler，1988），直接降低了制造商使用强制权力的动机。虽然分配公平和互动公平也可以在一定程度上提高制造商对合作关系的满意度（Yilmaz et al.，2004），但是它们在提升合作关系凝聚力方面作用没有程序公平那么强，因此分配公平和互动公平只能提高非强制权力，而没办法降低强制权力。

第二，通过从公平的角度研究权力的前因变量，揭示了两种权力使用意图之间的差异，为理解供应链权力的概念和作用提供了更丰富的视角，也丰富了权力前因变量的文献。研究发现，程序公平可以降低强制权力，但是对非强制权力没有影响。分配和互动公平提高非强制权力，但是对强制权力没有影响。这表明强制权力的使用是为了获得或彰显企业相对于供应链伙伴的控制权以及在交易关系中攫取额外的利益和更好的待遇（Frazier and Summers，1986）。因此，只是公平的利益（分配公平）和公平的待遇（互动公平）并不能满足企业对控制权以及额外利益的渴望，从而无法降低强制权力。只有程序公平因为允许企业在决策制定过程中参与意见，给予企业一定的控制权，从而可以降低强制权力。而非强制权力的使用意图有两个：一是通过价值观和规范影响供应链成员的价值和做事情的方式（Chen et al.，2016）；二是通过支持和建议帮助供应链成员并向其示好。由于程序公平已经意味着企业可以在决策制定过程中直接影响供应链成员，因此使用非强制权力的必要性就没那么强了。了解强制权力和非强制权力使用的意图，对于理解它们对合作关系的影响非常重要。

第三，本书揭示了在我国文化下，互动公平的相对重要作用。刘等（2012）使用我国企业的数据研究也发现，程序公平和互动公平中的信息公平对供应链合作行为和绩效的影响更大。因此，本书为互动公平在我国企业合作中的重要作用添加了新的证据。由于我国文化中对“爱面子”和“礼尚往来”的强调，人们对“以礼相待”这件事情看得尤为重要，当企业被供应链成员尊重、得体地对待时，它们会觉得自己很有面子，作为礼尚往来，它们会提高对供应链成员的帮助和支持。因此，本书建议在我国进行关系管理的研究需要考虑我国特殊的文化环境。

5. 实践意义

首先，供应链经理需要了解供应链合作伙伴使用强制权力和非强制权力的意图、目的以及强制权力和非强制权力对关系的属性。供应链经理需要知道对方使用强制权力是为了获取控制权和攫取更多利益，这种行为对企业和合作关系是一种伤害，因此需要寻找有力的措施限制对方强制权力的使用。另外，供应链经理需要知道对方使用非强制权力一是想通过价值观和规范对自己产生影响，二是想通过建议支持和帮助对合作关系表达一种善意和承诺，因此需要寻找一些方法提高供应链合作伙伴非强制权力的使用。

其次，本书的研究表明，供应链经理可以通过公平影响供应链合作伙伴对其权力的使用，但是公平的不同维度对权力的作用会产生不同的效果。具体而言，如果想要限制合作伙伴强制权力的使用，需要在合作关系中做到程序公平，允许合作伙伴参与到决策制定的过程中，给予他们话语权和一定的控制权。如果想要提高合作伙伴非强制权力的使用，需要做到利益分配的公平，特别是人际待遇的公平，在合作过程中尊重合作伙伴，做到及时的信息沟通。

最后，在我国文化下进行关系管理，供应链经理需要充分考虑互动公平的重要性。当企业政策发生变化时，及时向供应链合作伙伴进行解释，给予对方充分的尊重，让对方感觉在合作关系中受到重视，满足了对方面子上的需求。在我国面子文化下，这种互动公平带给人的满足比分配公平高很多，因此做到互动公平可以显著提高合作伙伴做出正面的合作行为，例如提高非强制权力的使用。

6.4.2 权力和环境因素对投机的直接影响

1. 权力对投机的影响

结构方程模型的结果发现非强制权力能够降低投机行为，假设4得到支持。约翰（1984）发现，专家权力、法定权力和参考权力会降低投机行为。汉德利和本顿（2012a）发现，非媒介权力会降低逃避和窃取两种形式的投机行为。因此，本书的发现与以往研究一致。但是，布朗等（2009）认为，非强制权力对控制投机行为没有显著的作用。从这个角度而言，本书为非强制权力作为一种非正式的关系机制控制投机行为增加了新的实证证据。具体而言，非强制权力虽然是权力的一种，但是非强制权力通过专家知识、信息传递、价值规范等方式对供应链成员产生影响，与信任机制和规范机制在控制投机行为上会产生类似的效果。但是，非强制权力作为关系机制优于信任机制和规范机制的地方在于非强制权力综合了二者的优点，一方面通过提高关系凝集力降低投机，另一方面通过价值观的传递降低投机。

研究结果还发现，强制权力会提高供应商的投机行为，假设 5 得到支持。类似地，约翰（1984）和布朗等（2009）发现，强制权力会提高投机行为。汉德利和本顿（2012a）发现，媒介权力（包括强制权力和奖励权力），会提高逃避和窃取两种形式的投机行为。因此，本书关于强制权力与投机行为的研究发现与以往发现类似。与以往研究不同的是，本书在交易成本理论视角下，将强制权力看成一种行为不确定性，揭示了强制权力对投机行为促进作用的一种可能的机制，即，制造商强制权力的使用，让供应商很难评估和预测制造商的行为，因此，作为一种自我保护机制，会提高自己的投机行为。从这个角度来讲，本书提出了新的视角研究强制权力的合作关系的负面作用。

2. 环境不确定性对投机的影响

结构方程模型的结果还发现，法律环境不确定性和市场环境不确定性都对投机行为有显著的促进作用，假设 6 和假设 7 得到支持。同时，这两个研究结论与前人的研究结论是一致的。例如，罗（2007a）的研究发现，当环境不稳定时，联盟中的企业会做出更多投机行为。虽然交易成本理论指出，环境不确定性是投机行为的重要来源，但是对二者之间关系的验证缺少实证依据。更重要的是，法律环境的不确定性没有受到交易成本理论和相关理论学者的足够重视。本书的结果显示，法律环境不确定性和市场环境不确定性对投机行为的影响没有显著差别，也就是说，对于企业的商业行为来讲，法律环境和市场环境同等重要。

3. 理论贡献

第一，本书为非强制权力作为一种非正式的关系治理机制添加了新的实证依据。虽然，约翰（1984）以及汉德利和本顿（2012a）认为非强制权力会降低投机行为，但是布朗等（2009）发现，非强制权力对控制投机行为没有显著的作用。本书的结果表明，非强制权力对于投机行为的抑制作用非常显著。因此，从这个角度来讲，本书为非强制权力在合作关系中作为关系治理机制提供了实证依据，同时，本书揭示了非强制权力作为关系机制优于信任机制和规范机制的地方在于非强制权力综合了两者的优点：一方面，通过提高信任和关系凝集力降低投机；另一方面，通过建立共同的价值规范降低投机。因此，希望未来在关系治理的研究中，将非强制权力作为一种常规的关系机制。

第二，本书提供了新的视角看待强制权力对投机行为的作用，认为强制权力在交易成本理论视角下，可以被看成行为不确定性。由于强制权力对关系是一种剥削和利用，导致企业很难评估合作伙伴是否会遵守合约（John and Weitz, 1988），是否会对交易关系带来的价值（Ouchi, 1980），从这两个角度来讲，强制权力符合行为不确定性的特点。因此，本书为强制权力的研究提供了新的行为不确定性的视角，对于理解强制权力的作用有一定帮助。

第三，本书为法律环境不确定性和市场环境不确定性与投机之间的作用提供了实证依据。虽然交易成本理论的视角指出，环境不确定性会提高企业的投机行为，但是在学术界，很少有研究对这个关系做出验证，也很少有研究考虑法律环境对投机的影响。本书发现，法律环境不确定性和市场环境不确定性对投机行为都有促进作用，并且二者对投机行为的影响没有差异。因此，本书指出，忽略法律环境不足以刻画企业所处的整体环境的特征，从而也不能准确全面地理解企业的商业行为。

4. 实践意义

第一，本书为供应链经理治理供应商的投机行为提供了新的治理手段，即企业可以使用非强制权力控制供应商的投机行为。研究指出，非强制权力一方面可以通过向供应商提供建议和支持，提高供应商的信任和关系承诺；另一方面也可以通过向供应商信息价值观和规范的传递，引导供应商遵守共同的规范。从这个角度来讲，非强制权力综合了信任和规范两种机制的优点，对控制投机的作用非常显著。因此，本书指出，供应链经理在合作过程中使用非强制权力，不仅可以为供应链伙伴提供帮助和支持，提高信任和承诺，降低冲突，而且还可以作为一种治理手段，减少合作伙伴的投机行为。这表明非强制权力对于企业合作关系的各个方面都能带来长久的好处，在合作中应该多使用非强制权力。

第二，本书指出，虽然企业使用强制权力可以在合作关系中获得一定的控制权或者攫取一定的额外利益，但是强制权力的使用会产生一定的代价，即引起供应链成员的报复行为。因此，本书指出，如果企业非常在意与供应链成员的合作关系，供应链经理在合作过程中应该减少强制权力的使用，将整体利益和长期合作关系作为重点。

第三，本书指出，法律环境不确定性和市场环境不确定性都会提高企业的投机行为。当两种环境因素都存在时，企业在合作关系中面临的合作伙伴投机的风险就非常高，因此，供应链经理需要特别寻找有效的治理机制，降低合作伙伴的投机行为。

6.4.3 环境因素对权力与投机关系的调节作用

1. 法律不确定性对非强制权力与投机关系的调节作用

本书回归分析的结果发现，当企业认为法律环境比较弱时，非强制权力对投机行为的抑制作用增强，假设8a得到支持。这一结果与以往研究一致，例如周和波波（2010）以及周和徐（2012）都指出，在法律执行力度比较低时，非正式的关系机制比正式的合同机制对投机行为的控制作用更大。本书特别指出，与一般的关系机制的作用不同，非强制权力，首先代表了制造商向供应商传递专家知识，在法律弱保护的环境下，知识产权较难得到很好的保护，企业之间的知识和信息共享水平很低，这种情况下，知识和信息的价值被放大，因此，供应商会很感激制造商知识转移的行为。作为回报，会很大程度上降低自己的投机行为。此外，在法律弱保护环境下，企业需要寻找可靠的合作伙伴建立长期合作关系，才能将法律不确定性带来的风险降低。非强制权力意味着供应商愿意接受和学习制造商的经营理念和价值观等，通过非强制权力，合作双方会建立起共同的规范和合作基础，这种规范和合作基础在法律弱保护环境下尤为可贵。因此，当制造商使用非强制权力时，供应商会在很大程度上降低投机行为。

2. 法律不确定性对强制权力与投机关系的调节作用

回归分析的结果还发现，在法律环境较弱时，强制权力对投机行为的促进作用增强，假设8b得到支持。本书弥补了以往研究的空白，即揭示出强制权力在法律环境较弱时更加负面的一面。当认为法律较难保护自己的利益时，供应商为了保护自己的利益，本身就会增加投机行为的倾向。在这种情况下，制造商对供应商使用强制权力，释放出不合作的信号，这个信号在供应商眼里会被加强和放大，最终成为供应商进行投机行为的催化剂。此外，在交易成本理论的视角下，强制权力代表了行为不确定性。当供应商既面临外部法律环境的不确定性，无法保障合作关系中的利益，又面临合作伙伴行为的不确定性的情况下，供应商会认为制造商的不确定行为对个体利益的威胁非常大。简单来讲，法律不确定性加大了供应商的风险敏感度感知（Delios and Henisz, 2003），认为制造商的强制权力是高风险的行为，只能不断通过欺诈的方式谋取更多私利。

3. 市场环境不确定性对非强制权力与投机关系的调节作用

对市场环境不确定性的调节作用的检验结果发现，在市场环境不确定性高时，非强制权力对投机行为的抑制作用减弱，假设9a得到支持。这个研究结论与卡森等（2006）的研究发现一致。他们发现，当环境的不稳定性高，同时模糊性低时，关系机制最有效；而当环境的不稳定性和模糊性都很高时，关系机制的有效性减弱。市场环境不确定性代表环境的不稳定性和模糊性都很高，在这种情况下，非强制权力作为一种非正式的关系机制，对投机行为的抑制作用减弱。与法律不确定性对企业影响不同，市场环境不确定性改变了企业获取有效信息的能力。市场环境的瞬息万变，使得企业很难及时准确地获取市场信息和知识（Carson et al., 2006）。在这种情况下，即使制造商通过非强制权力向供应商提供建议和专家知识，但由于市场的快速变化，这些建议和知识可能对供应商来讲已经不适用了，因此，供应商无法从非强制权力中获取收益，非强制权力对投机行为的降低作用就会相应减弱。另外，由于市场波动较大，供应商无法搜集足够的信息判断制造商所提供的建议和知识的有效性，也很难有足够的信息确定制造商行为的意图，在这种情况下，供应商难以识别非强制权力里所代表的制造商的信任和善意，因此，非强制权力对投机行为的作用相应减弱。

4. 市场环境不确定性对强制权力与投机关系的调节作用

与法律不确定性对强制权力的作用类似，市场环境不确定性会提高强制权力对投机行为的促进作用，假设9b得到支持。当市场环境不确定性高时，环境中的模糊性和不稳定性都很高，供应商无法获取足够的信息精确地评估制造商的强制权力所带来的伤害和经济损失，这时，很容易把由于环境不确定性导致的经济损失误算到制造商那里，因此供应商会提高投机行为作为报复（Kumar, 1996）。另外，在市场环境不确定性高时，供应商无法获取有效的信息对制造商的行为进行评估，因此强制权力这种行为的不确定属性在市场环境不确定时变得更加不确定，供应商更加无法预测制造商是否会遵守合同以及它对合作关系的态度，为了进行自我保护，供应商也会做出更多投机行为。

5. 理论贡献

第一，本书发现，法律环境不确定性和市场环境不确定性对非强制权力与投机行为之间关系的调节作用效果不同，揭示了法律环境和市场环境对企业商业行为不同的影响机制。在法律不确定的环境下，非强制权力对投机行为的控制作用增强。但是，在市场不确定环境下，非强制权力对投机行为的控制作用减弱。法律环境不确定性通过改变企业对知识的需求程度以及对可靠合作伙伴的渴求程度来影响企业的决策和结果。具体而言，当认为法律不可靠时，企业之间一般不会轻易进行知识共享，这时非强制权力中的建议和专家知识会得到供应链合作伙伴的感激，因此投机行为会被降低；另外，当认为法律不可靠时，企业需要寻找有共同规范和价值观的合作伙伴，而非强制权力的使用正是共同规范和价值观建立的基础，因此，使用非强制权力会受到合作伙伴的重视，从而降低投机行为。

与法律不确定性不同，市场环境不确定性通过影响知识和信息的时效性、有效性和可得性而对企业的决策和结果产生影响。具体而言，本书揭示了市场环境不确定性对非强制权力的两个影响机制：一方面，市场环境的剧烈变化让非强制权力所提供的知识、建议和信息的时效性和有效性下降，因此非强制权力所带来的直接好处减少；另一方面，市场环境的模糊性让企业很难正确判断和理解合作伙伴的行为意图，企业对非强制权力所包含的善意和承诺的感知下降，从而减少了非强制权力对投机行为的控制作用。

此外，从关系治理的角度来讲，非强制权力这种关系机制在法律不确定的环境下作用更强，而在市场不确定的环境下，作用减弱。这个发现丰富了关系治理的文献。一些以我国为研究背景的研究发现，关系机制在法律不确定性下作用更强（Zhou and Poppo，2010；Zhou and Xu，2012），一些在西方的研究发现当环境的不稳定性和模糊性都很高时，关系机制的有效性减弱（Carson et al.，2006）。本书对这些研究做出了支持和补充，在我国背景下同时验证了法律不确定性和市场环境不确定性对关系机制有效性的影响，发现了它们对关系治理的不同作用。因此，本书丰富了关系治理权变视角的文献，并呼吁以后对关系治理的研究需要同时考虑法律环境和市场环境。

第二，本书指出，法律环境不确定性和市场环境不确定性不仅通过直接将企业置身于高风险的环境中对企业带来影响，还会通过将合作中不利的行为变得更加不利，而对企业产生更大的影响。具体而言，本书发现，法律不确定性和市场不确定性都能增加强制权力对投机行为的促进作用。也就是说，法律环境不确定性和市场环境不确定性让强制权力变得更加有害。本书还指出，虽然两种环境类型对强制权力的作用类似，但是它们的影响机制不同。具体而言，法律环境不确定性通过两个机制影响强制权力对投机的作用：一方面，当认为难以诉诸法律解决纠纷时，企业对合作关系中损害自己利益的行为特别敏感，也会采取更加激烈的手段作为回应；另一方面，法律不确定性还改变了企业对抗风险的能力。当认为法律不可靠时，企业对风险特别敏感，对强制权力这种对关系会产生潜在破坏的行为容忍度变低，会认为合作伙伴不可信，无法维系长期合作关系，从而做出更多投机行为。

与法律不确定性不同，市场环境不确定性通过影响信息的可得性将负面的合作行为变得更加负面。具体而言，本书揭示了市场环境不确定性对强制权力的两种影响机制：一方面，市场环境不确定性放大了强制权力所带来的直接经济损失，引起权力接收企业更多的报复行为；另一方面，市场环境不确定性放大了强制权力中所包含的行为不确定性，让使用权力的一方的行为变得更加难以预测和估计，从而引起权力接收企业做出更多投机行为作为自我保护。

第三，本书通过采取权变的视角研究了宏观的法律环境和市场环境对权力作用的调节作用，丰富和发展了供应链权力的理论和文献。虽然权力在组织间关系管理中是一个比较成熟的概念，但是现有文献中对权力的研究缺乏权变视角，导致无法更加深入理解权力的作用。虽然有一些研究探讨了微观的企业间变量对权力作用的理解，例如依赖（Chen et al.，2016）或关系规范（Brown et al.，2009），但是对于企业所嵌入的大环境如何影响权力的作用尚缺乏实证研究。本书发现，法律环境不确定性和市场环境不确定性都会对企业权力的作用产生影响。法律不确定性加强了非强制权力的积极作用，也加强了强制权力的消极作用；市场环境不确定性减弱了非强制权力的积极作用，但加强了强制权力的消极作用。这些研究结果表明，权力的作用在不同的权变情境下会表现出不同的作用，情境因素可能会让权力的作用加强或减弱，因此，只有结合企业所处的法律环境和市场环境研究权力的作用才能更准确理解权力的作用。本书呼吁未来组织间关系中对权力的研究需要考虑企业所处的情境因素。

6. 实践意义

第一，虽然我国的法律体制已经比较健全，但企业的法律意识还有待提高，在这种法律环境下，企业更容易投机。因此，供应链经理应该寻找符合外部环境的更有效的治理手段控制供应链合作伙伴的投机行为。本书指出，法律环境不确定性越高，非强制权力对投机行为的控制作用越强。这表明法律不确定性加强了非强制权力对投机的治理作用。因此，企业应该更多使用非强制权力这类关系机制管理供应商的投机行为。从这个角度来讲，虽然外部的法律环境是企业无法控制的环境变量，但是企业可以充分了解合作伙伴对法律环境的感知，让非强制权力发挥事半功倍的效果。具体而言，当认为法律不可靠时，供应商更加渴求知识和可靠的合作伙伴，这时，如果制造商企业对供应商进行知识传递和善意信号的传递，会被供应商感激，从而很大程度上降低投机行为。

第二，本书发现，企业所处的市场环境中的不确定性也会影响非强制权力对投机的作用。与法律环境不同，市场环境不确定性高时，非强制权力对投机的控制作用减弱。虽然市场环境不确定性削弱了非强制权力的作用，但是本书建议供应链经理还是可以使用非强制权力控制投机行为，只要供应链经理与合作伙伴加强沟通。由于市场环境不确定性通过影响信息的时效性和有效性而减弱非强制权力的作用，本书指出，供应链经理在使用非强制权力时，应该加强与供应链合作伙伴的沟通，清晰地沟通合作目标，清楚地表达合作意愿，通过及时有效的沟通将环境模糊性对合作伙伴造成的困扰降到最低，才能提高非强制权力对投机行为的控制作用。

第三，法律环境不确定性和市场环境不确定性都让强制权力对投机行为的促进作用变得更强，说明当外部环境不确定性高时，供应链经理在合作过程中应该减少对强制权力的使用。在认为法律体系健全时，即使合作伙伴使用强制权力，企业也可以通过有效的法律途径保护自己的利益。但是，当企业认为法律体系不健全时，企业对合作伙伴过分的强制权力的使用几乎无能为力，只能通过更多的投机行为保护自己的利益。在外部市场环境稳定时，企业可以准确核算强制权力带来的损失，大概预估使用强制权力的意图，但是当市场环境不确定性高时，企业无法准确核算和预估，会天然放大强制权力带来的损失和潜在损失，因此会做出更多投机行为。这说明，当外部环境比较恶劣时，合作中的企业应该尽量避免做出负面的行为，释放出不合作的信号，这样对合作关系会带来非常大的伤害。

6.4.4　公平和权力的模式及其作用

1. 公平的模式及其作用

本书发现，公平的三个维度可以根据其强度和平衡度，将公平分成不同的模式，假设10得到支持。本书发现公平的三个维度共表现出四种模式：三种维度都高的高公平均衡模式、三种维度都低的低公平均衡模式、分配公平低而程序和互动公平高的低分配公平模式，以及程序公平低而分配和互动公平高的低程序公平模式。虽然结构化的方法是数据驱动的，但是产生的不同模式也需要符合现实意义。具体而言，在现实中，任何一家供应商都会衡量每一个客户对企业带来的价值，并且按照价值对客户进行分类，从而会表现出不同的公平模式。

一般来讲，供应商对客户分类有两个标准：客户采购额的高低以及客户替换的难易程度。当客户采购额很高，并且这个客户很难替换时，供应商对待客户时三种公平都会很高，即高公平均衡模式；当客户采购额很低，并且很容易替换时，供应商不需要在意这个客户，因此三种公平都很低，即低公平均衡模式。当客户的采购额比较高，但是很容易在市场上找到类似客户的时候，供应商只需要做到分配公平和互动公平维持短期合作，不需要使用程序公平赢得客户的认可；当客户的采购额度比较低，但是很难在市场上找到类似客户的时候，比如对客户的定制化生产，这个时候供应商需要客户参与决策过程，即程序公平高，同时，由于对客户的定制化生产，供应商在分配中可能占据更多利益，即降低客户感知到的分配公平，这时公平模式表现为低分配公平模式。在公平的四种模式中，约有一半企业（107）都属于高公平均衡模式，只有43家企业感知到低公平均衡模式，说明在我国制造业企业供应链中，企业之间的合作还算比较公平。同时，在四种模式中，除了三种公平都低的低公平均衡模式，其他三种模式的互动公平都很高，再次明证了我国文化对商业行为的影响，即做生意之前以及合作过程中都要讲人情，以礼相待，“买卖不成仁义在”。

对公平不同模式的方差分析结果表明，不同模式对合作关系的影响不同，假设 11 得到支持。研究结果发现，对于非强制权力来讲，高公平均衡模式与低程序公平模式之间没有显著差别，说明程序公平对于提高非强制权力不重要；高公平均衡模式与低分配公平模式有显著差别，说明分配公平对提高非强制权力较重要；低公平均衡模式与其他三种模式对提高非强制权力有显著区别，说明三种公平都低时，对合作关系最不好。

2. 权力的模式及其作用

本书发现，权力的使用可以分为高强制权力模式和低强制权力模式，因此，假设 12 得到支持。权力的模式与企业在供应链上的权力位置有关。当制造商企业在供应链上的权力位置较高时，即拥有更多资源、被供应商依赖更高，制造商会使用高的强制权力获取更多利益，同时使用高的非强制权力帮助供应商，也就是帮助利益共同体；当制造商企业在供应链上权力位置较低时，即需要更多的依赖供应商，制造商会较少使用强制权力，同时会使用更多非强制权力向供应商示好，以维系长期合作关系。

对两种权力模式的 t 检验结果发现，高强制权力的模式比低强制权力的模式对投机行为的促进作用更大，假设 13 得到支持。该结果与维度化研究方法的发现一致，即制造商强制权力会提高供应商的投机行为。

3. 理论贡献

第一，本书对公平的研究增加了结构化的视角，丰富和发展了供应链公平的文献。在供应链中研究公平的文章较少，研究公平模式的文章更少。采用结构化的视角研究公平的模式，对于理解公平三种维度在我国供应链背景下存在的状态提供了依据，也加深了对我国制造企业供应链合作关系的理解。具体而言，供应商与制造商之间不同的采购额度和替换难度会影响供应商对待制造商的公平程序。因此，公平的不同模式也揭示了供应商与制造商之间的关系模式。此外，通过探索不同模式对合作关系的不同作用，补充和支持了维度化视角的结论，再次验证了程序公平对于控制负面行为（强制权力和投机行为）的重要作用。

第二，本书对权力的研究增加了结构化的视角，丰富和发展了供应链权力的文献。供应链上研究权力的文章很多，但是鲜有文章探讨权力存在的模式。权力不同模式的存在反映了供应链合作关系中权力位置不对等的问题。权力位置高的企业有资本使用强制权力，而权力位置低的企业没有资本使用太多强制权力。同时也揭示了无论权力位置的高低，企业都会带着不同的目的使用非强制权力。此外，通过探索不同模式对投机的作用，补充和支持了维度化视角下的研究结论，即强制权力的使用增多时，对方企业的投机行为会相应增多。

4. 实践意义

第一，了解了我国制造企业供应链上公平存在的模式，可以更有针对性地提出公平相关的建议。首先，供应链经理需要明确在合作关系中想控制合作伙伴使用哪种权力。如果想让对方减少强制权力的使用，需要做到程序公平高的模式，即程序公平一定要高，其他两种公平可以适当降低；如果想增加对方使用非强制权力，则不一定需要做到三种公平都高的模式，只要做到分配公平和互动公平高的模式即可，程序公平可以适当减少。同时，经理们特别需要注意的是三种公平都低的模式对非强制权力的影响最小，也就是说，三种公平都低时对合作关系是最不利的，企业需要至少做到一种公平高的模式。因此，本书对公平模式的探讨对于企业有针对性地节约配置在公平上的精力和资源具有重要意义。

第二，本书对权力模式的研究发现，在我国供应链合作关系中，非强制权力的使用程度都很高，说明企业都很在意合作关系。但是强制权力的使用程度有高低之分。权力位置高的企业可能有恃无恐地对合作伙伴使用强制权力。研究同时发现，强制权力会引起合作伙伴的报复行为，做出更多投机行为，将合作关系带入一个恶性循环。因此，本书建议，既然企业都是想与合作伙伴建立一个长期和谐的合作关系，权力位置高的企业应该尽量限制自己强制权力的使用，多使用非强制权力影响合作伙伴，从而实现供应链上的合作双赢。

第 7 章 研究结论与展望

7.1 主要研究结论

本书采用定性分析与定量分析相结合、维度化视角与结构化视角相结合的方法，基于公平理论、社会交换理论和交易成本理论等理论视角研究了供应链上公平与权力之间的关系以及它们对投机行为的影响。具体而言，本书主要回答了以下四个研究问题：(1) 供应商公平的不同维度如何影响制造商权力的使用？(2) 制造商使用权力（组织间因素）和环境不确定性（外部环境因素）如何影响供应商投机？(3) 法律环境不确定性和市场环境不确定性对非强制权力和强制权力与投机行为之间关系的调节作用有何不同？(4) 我国制造企业供应链背景下公平和权力的模式是怎样的？本书通过对这四个研究问题的实证分析和检验，得出以下几个主要研究结论：

1. 公平的不同维度对权力的作用不同

公平是组织行为领域的重要概念，但是在供应链管理领域公平的研究才刚刚起步，对公平如何影响供应链合作行为的理解还不充分。本书采用成熟的三因素模型将公平分为分配公平、程序公平和互动公平，研究了供应商的三种公平对制造商非强制权力和强制权力使用的影响。研究发现，不同维度的公平对权力的作用不同。分配公平和互动公平会显著提高非强制权力，但是对强制权力没有影响；同时，互动公平比分配公平对非强制权力的提升作用更大。而程序公平对非强制权力没有显著影响，但是程序公平是唯一可以降低强制权力的公平维度。

通过对公平与权力之间关系的研究，发现组织行为领域中的程序公平理论在供应链背景下同样适用。公平研究的理论学者们认为程序公平是员工判断组织整体公平与否的重要指标（Lind and Tyler，1988），在很多方面程序公平比另外两种公平更有效（Cohen – Charash and Spector，2001）。本书发现，在供应链背景下，只有程序公平可以提高制造商对供应商的整体认同和归属感，让制造商愿意将个人利益服从整合利益从而降低强制权力的使用。

同时，公平与权力之间的关系也揭示了企业使用非强制权力和强制权力的意图。分配公平和互动公平都无法降低强制权力，说明企业使用强制权力是为了获得更多的额外利益以及更优的人际待遇，只是公平的利益和人际待遇无法实现企业使用强制权力的目的。程序公平无法提高非强制权力，说明企业使用非强制权力的目的是为了通过知识建议或者价值观影响合作伙伴做事情的方式或者给予合作伙伴一定的帮助。但是在程序公平的情况下，企业可以参与到合作伙伴的决策过程中，并且对应该怎样做事情拥有话语权，因此，程序公平可以在一定程度上满足企业使用非强制权力所要达到的目标，从而减少非强制权力使用的必要性。

2. 非强制权力可以作为非正式的关系机制控制投机行为；行为不确定性（强制权力）和环境不确定性（法律环境不确定性和市场环境不确定性）都会提高投机行为

投机行为在任何交易关系中都难以避免（Williamson，1985）。关系治理的学者开始探索传统治理手段之外的方式控制投机行为。本书探讨了制造商的非强制权力对供应商投机行为的影响，结果发现非强制权力可以显著地降低投机行为，说明非强制权力可以作为一种关系机制治理投机行为。更重要的是，本书揭示了非强制权力降低投机行为的两种机制：一方面，制造商使用非强制权力意味着向供应商提供建议和专家知识，对供应商是一种支持和帮助，会赢得供应商的信任和更多的关系承诺，从而降低供应商的投机行为；另一方面，制造商使用非强制权力意味着通过关系规范和价值观影响供应商，会让合作双方建立共同的价值规范和合作基础，有利于共同目标的形成，从而降低了供应商的投机行为。因此，本书结果表明，非强制权力作为一种关系机制，综合了信任机制和关系规范机制的优点，因此对降低投机行为更有效。

本书在交易成本理论视角下将强制权力看成一种行为不确定性，将环境不确定性分为法律环境不确定性和市场环境不确定性，用结构方程模型同时研究了行为不确定性和两种环境不确定性对投机行为的研究。研究发现，三种不确定性都会提高投机行为，并且三者对投机行为的影响程度没有统计意义上的显著差别。但是本书认为三种不确定性对投机行为的影响机制是不同的。强制权力通过释放出不合作的信号以及直接损害供应链成员的经济利益而引起消极的反馈；法律环境不确定性通过降低企业投机所面临的惩罚成本以及降低企业对长期合作的信心而提高投机行为；市场环境不确定性导致合同条款的不完善，增加企业钻取合同漏洞的机会，从而提高投机行为。

3. 法律环境不确定性和市场环境不确定性在权力与投机行为之间的关系中起调节作用

近年来，越来越多的学者采用权变的视角研究关系治理的作用（Bai et al.，2016；Sheng et al.，2011）。本书迎合这个趋势，研究了在法律环境和市场不确定的情况下，非强制权力对投机行为的作用。研究发现，两种环境因素对非强制权力的作用不同：法律环境不确定性加强了非强制权力对投机行为的抑制作用，而市场环境不确定性减弱了非强制权力对投机行为的抑制作用。环境因素对非强制权力的调节作用的不同，由它们自身对企业影响机制的不同所决定。法律环境不确定性改变了企业获取知识的难度，从而让非强制权力中的知识变得尤为可贵；同时也改变了企业对可靠合作伙伴的渴求度，从而放大了非强制权力释放出来的可信和可靠的信号，让企业更愿意与之合作，因此加强了非强制权力对投机的控制作用。而市场环境不确定性改变了信息和知识的时效性和有效性，让非强制权力所传递的知识、建议和信息失去时效性，降低非强制权力对企业带来的好处，从而减弱了非强制权力对投机的控制作用。

本书还发现，法律环境不确定性和市场环境不确定性都会放大强制权力对投机行为的促进作用。即，在行为不确定性和环境不确定性的交互作用下，供应链合作伙伴会做出更多投机行为。虽然法律环境不确定性和市场环境不确定性都会让强制权力变得更加有害，但是它们的影响机制不同。法律环境不确定性让企业更在意利益是否受侵害，以及合作伙伴是否可靠，而强制权力直接侵害了企业的利益，并且释放出不合作的信号，因此会引起更多投机行为。市场环境不确定性让企业无法获取充分的信息评估强制权力所造成的经济损失，并且无法预估强制权力使用的意图以及可能造成的潜在损失，出于自我防范的目的，对强制权力有害性的评估会被放大，从而引起更多投机行为。

4. 公平和权力存在不同的模式；不同模式对合作关系的影响不同

本书采用结构化的视角研究了公平的存在模式问题。聚类分析的结果发现，根据公平维度的强度和平衡度，公平被分为四种模式：三种公平都高的高公平均衡模式、三种公平都低的低公平均衡模式、程序公平低而分配和互动公平高的低程序公平模式和分配公平低而程序和互动公平都高的低分配公平模式。本书指出，公平存在的四种模式与制造商与供应商之间的关系特征是相符的。具体而言，可以根据制造商对供应商的采购额度以及制造商对于供应商的替换难度把合作关系分成四类，制造商的采购额度高并且制造商难以被替换时，供应商对待制造商时三种公平都会很高；制造商的采购额度低并且制造商很容易被替换时，供应商对待制造商时三种公平都会很低；制造商的采购额度高但是制造商很容易被替换时，供应商控制话语权，只需要做到分配公平和互动公平维系与制造商的关系；制造商的采购额度低但是制造商很难被替换时，相当于对制造商的定制化生产，制造商需要决定如何生产以及合作细节，但是供应商可以占有高的利润作为平衡，即低分配公平模式。

研究还发现，不同的公平模式对合作关系的作用不同。具体而言，三种公平都高的模式与低程序公平的模式对非强制权力的影响没有显著差别，说明程序公平对非强制权力的影响不大；三种公平都高的模式与低分配公平的模式对非强制权力的影响有显著差别，说明分配公平对非强制权力的影响较大。虽然统计意义上没有发现四种模式对强制权力的影响有显著差异，但是从数值来看，低程序公平模式下，强制权力的数值最大，说明程序公平低的模式不利于控制强制权力的使用。总体来讲，对于提高非强制权力的使用，需要分配公平和互动公平都高的模式；对于降低强制权力的使用，需要程序公平高的模式。

对权力的结构化视角研究发现，权力模式的划分不满足强度和平衡度的标准，只能根据强制权力的高低，将权力划分为强制权力和非强制权力都高的高强制权力模式和强制权力低而非强制权力高的低强制权力模式。对权力模式的划分与现实中企业所处在供应链中的权力位置相一致。当企业在供应链中的权力位置较高时，企业会使用高的强制权力让权力位置低的企业服从，也会使用高的非强制权力帮助权力位置低的企业这个利益共同体。当企业在供应链中的权力位置较低时，企业会使用低的强制权力，而使用高的非强制权力向高权力位置的合作伙伴表达善意。研究发现，高强制权力模式比低强制权力模式对投机行为的促进作用更大，与维度化方法的研究结论一致。

7.2 理论贡献

1. 丰富和发展了供应链公平相关的理论和文献

第一，通过研究供应商公平与制造商权力使用之间的关系，为公平影响供应链合作中的行为（权力的使用）添加了新的实证依据。现有文献中对供应链公平的研究，大多集中在研究公平如何影响合作态度，例如关系质量、信任和满意度（Wang et al.，2014；Zaefarian et al.，2016），只有最新的几篇研究中关注了公平对知识分享、关系投资和投机行为的影响（Liu et al.，2012；Luo et al.，2015）。本书拓展了供应链公平结果变量的文献，指出公平不仅会影响供应链成员的态度，还会影响供应链成员对权力的使用这种行为。因此，本书指出，在供应链领域，对公平的研究，应该拓展到行为层面，因为公平会通过对合作行为的影响对合作关系产生更直接更显著的作用。

第二，通过研究公平不同维度对权力的不同作用，为组织行为领域的程序公平理论在供应链背景下的适用性提供了实证依据。组织行为领域公平理论的学者指出，公平的不同维度在对个体的影响上会有不同的侧重点，而程序公平对个体与组织关系的影响最大（Cohen - Charash and Spector，2001；Lind and Tyler，1988）。本书发现，只有程序公平能够降低强制权力，说明在供应链背景下程序公平的理论依然适用，即，只有程序公平能够让制造商对供应商产生认同和归属感，让制造商愿意将个体利益服从整体利益，进一步揭示了供应链背景下程序公平的特殊性。

第三，通过采取结构化的视角研究供应链公平，揭示了我国制造企业供应链中存在的四种公平模式，有利于发展符合我国制造业现实的公平理论。前人对公平的研究多采用维度化的视角，即研究单个维度或其交叉项的作用（Griffith et al.，2006；Liu et al.，2012），但是对于公平的三个维度之间以什么样的模式在企业现实中存在，以及不同模式如何作为一个整体对供应链关系产生影响还缺乏实证检验。本书以我国制造企业为样本，发现在我国制造企业供应链上，公平的三个维度之间呈现出四种模式：三种公平都高的高公平均衡模式、三种公平都低的低公平均衡模式、程序公平低而分配和互动公平高的低程序公平模式和分配公平低而程序和互动公平都高的低分配公平模式。这四种模式对供应链合作关系的影响不同，分配和互动公平高的模式对于提高非强制权力的使用更有效，而程序公平高的模式对于降低强制权力的使用更有效，三种公平都低的模式对合作关系最不利。因此，通过对公平模式的探究，有利于有的放矢地针对我国制造业供应链上公平模式的现实情况对企业供应链关系管理提供实践指导。

2. 丰富和发展了供应链权力相关的理论和文献

第一，通过对公平与权力之间关系的研究，丰富了供应链权力前因变量的文献。目前对权力前因变量的研究，主要集中在权力不对称性、资源、依赖等（Handley and Benton, 2012b; Shou et al., 2013; Zhuang et al., 2010），都是与权力直接相关的变量，因此，对权力前因变量的研究需要发展新的视角。本书指出，供应商的公平会影响制造商的权力使用，分配公平和互动公平会提高非强制权力的使用，而程序公平会降低强制权力的使用，为公平作为权力的前因变量提供了实证依据。此外，通过研究公平对权力的影响，本书揭示了两种权力使用意图的不同。强制权力使用的意图是获取额外的利益和更优的人际待遇，因此只是公平的分配和互动不能减少强制权力的使用；非强制权力的使用意图是通过帮助建议和价值观影响合作伙伴做事情的方式，因此程序公平的实现部分满足了非强制权力的意图，导致程序公平不能显著提高非强制权力。揭示两种权力使用的意图对于理解权力的概念和作用具有重要意义。

第二，通过在不同环境因素下研究权力对投机行为的影响，发现法律环境不确定性和市场环境不确定性对权力与投机之间的关系有不同的调节作用，揭示了两种环境因素对企业不同的影响机制，同时丰富和发展了供应链权力研究的权变视角。虽然现有文献中有一部分学者采用权变视角研究了权力的作用，但是这些权变因素主要集中在微观的组织间因素，例如依赖、关系规范、供应商数量等（Brown et al., 2009; Chen et al., 2016; Terpend and Ashenbaum,

2012），对权力权变因素的研究缺乏宏观的环境视角。本书发现，法律环境和市场环境都会影响权力的作用。法律环境不确定性正向调节两种权力与投机之间的关系；市场环境不确定性负向调节非强制权力与投机之间的关系，但是正向调节强制权力与投机之间的关系。同时，本书发现，法律环境不确定性通过影响企业对知识、权益和可靠合作伙伴的渴求而影响权力的作用；市场环境不确定性通过影响企业获取信息的有效性、时效性和全面程度而影响权力的作用，揭示了两种环境因素不同的影响机制。因此，本书指出，综合考虑各种外部宏观的环境因素，采取权变的视角才能更准确地理解权力的作用，在实践中才能最大限度地发挥权力的优势，同时尽量规避权力的劣势。

第三，通过采取结构化的视角研究供应链权力，揭示了我国制造企业供应链中存在的两种权力模式，有利于发展符合我国制造业现实的权力理论。虽然在供应链背景下对权力的研究很多，但是较少有研究采取结构化的视角对权力的模式进行分类。本书以我国制造企业为样本，发现权力的两个维度呈现出两种模式：强制权力和非强制权力都高的高强制权力模式和强制权力低但非强制权力高的低强制权力模式，说明我国制造企业普遍愿意维系供应链关系，对非强制权力的使用很高。因此，对于我国制造企业来讲，只需要合理控制强制权力的使用，供应链合作关系就会变得更稳固。

3. 丰富和发展了供应链关系治理相关的理论和文献

第一，本书探索了行为不确定性（强制权力）和环境不确定性（法律环境不确定性和市场环境不确定性）对投机行为的直接作用和交互作用，丰富了投机行为促进因素的研究。识别出促进投机行为的因素，有利于更好地进行供应链关系治理。本书创造性地在交易成本理论视角下将强制权力看成行为不确定性，同时研究了行为不确定性和环境不确定性对投机行为的影响。交易成本理论提出行为不确定性和环境不确定性都会提高投机行为，但是法律环境的不确定性没有受到足够重视，这个理论关系也缺少实证检验，因此，本书的结果为不确定性与投机行为之间的作用提供了实证依据。具体而言，研究发现强制权力、法律环境不确定性和市场环境不确定性都显著地提高投机行为，并且三者对投机行为的作用没有显著差异。此外，研究还发现，法律环境不确定性和市场环境不确定性都会扩大强制权力对投机行为的促进作用，说明环境不确定性会放大企业对合作伙伴行为不确定性的感知，一种不确定性的存在会让另外一种不确定性的危害更大，对理解行为和环境不确定性之间的相互作用具有一定贡献。

第二，通过研究非强制权力与投机行为之间的关系，提出非强制权力可以作为一种非正式的关系机制治理投机，拓展了关系治理的文献。由于投机行为在交易中难以避免，关系治理的学者们开始探索传统的合同和信任机制之外的治理手段，例如社会资本、交流、公平等（Hartmann and Herb，2014；Luo，2007c；Nunlee，2005）。但是非强制权力作为一种关系机制还缺乏一致的认知，虽然约翰（1984）以及汉德利和本顿（2012a）认为非强制权力可以降低投机，但是布朗等（2009）发现，非强制权力与投机行为之间没有显著关系。本书发现，非强制权力对降低投机行为具有显著的作用。从这个角度来讲，本书为非强制权力作为一种非正式的关系机制增加了实证依据。同时本书指出，非强制权力作为关系机制优于信任机制和规范机制的地方在于非强制权力综合了二者的优点，一方面通过提高信任和关系凝聚力降低投机，另一方面通过建立共同的价值规范降低投机。

第三，本书在法律环境不确定性和市场环境不确定性下，研究了非强制权力对投机行为的影响，响应了学者们关于采取权变的视角研究关系治理机制的号召。近年来，越来越多的学者认为治理机制在不同的情境下会表现出不同的作用，应该考虑情境因素对治理机制有效性的影响（Abdi and Aulakh，2012；Carson et al.，2006；Hoetker and Mellewigt，2009）。本书同时考虑了法律环境和市场环境对非强制权力的调节作用。研究发现，法律环境不确定性会加强非强制权力对投机的控制作用；而市场环境不确定性会减弱非强制权力对投机的控制作用。因此，本书指出，关系治理机制的有效性非常依赖于外部的环境因素，要结合不同的环境因素选取最有效的治理手段。此外，进行关系治理的研究时，需要考虑企业所处的制度和市场环境，不同发展阶段的市场和国家，可能有与之更加匹配的治理手段，在东方国家也许关系机制更有效，在西方国家也许合同机制更有效。

7.3 实践启示

供应链管理是我国制造企业在全球竞争中获取竞争优势的重要手段，但是我国供应链关系管理的水平还不是很高，现实中存在很有由于不适当的供应链关系管理而导致合作关系破裂的现象，也存在很有由于供应链上其中一个成员的投机行为而导致整条供应链遭受毁灭性打击的案例。本书通过研究公平和权力两种关系因素之间的关系以及它们对投机行为的影响，为我国制造企业进行有效的供应链关系管理和关系治理提供了有力的实践指导，帮助我国实现从“制造大国”向“制造强国”的转变。具体而言，本书具有以下几个方面的实践启示：

1. 使用公平影响供应链合作伙伴的权力使用

1993 年中央在确立社会主义市场经济体制的文件中提出“效率优先，兼顾公平”的分配原则，到 2005 年中央十六届五中全会上开始强调“更加注重社会公平”，说明只有整体公平才能实现最终和谐。在国家层面是这样，在微观的组织间层面也是这样。本书指出，在我国制造业供应链背景下，供应链经理可以通过公平提高供应链合作中积极的合作行为，例如非强制权力的使用，也可以降低合作中消极的合作行为，例如强制权力的使用。关于公平的具体实践启发如下：

第一，公平的不同维度对权力的使用有不同的作用。企业的供应链经理首先需要了解供应链合作伙伴使用非强制权力一是想通过价值观和规范对企业产生影响，二是想通过建议支持和帮助对合作关系表达一种善意和承诺，因此需要寻找一些方法提高对方非强制权力的使用。另外，供应链合作伙伴使用强制权力是为了获取控制权和攫取更多利益，这种行为会对企业和合作关系带来伤害，因此需要寻找有力的措施限制对方强制权力的使用。本书指出，适当地使用公平可以提高非强制权力，降低强制权力。具体而言，三种公平中做到分配公平和互动公平，就可以提高供应链伙伴非强制权力的使用；做到程序公平，则可以降低供应链伙伴强制权力的使用。此外，供应链经理们需要了解在公平的三个维度中，只有程序公平才能让供应链合作伙伴对合作对象产生认可和归属感，才能让他们愿意为了合作关系的整体利益而牺牲自己的短期利益。因此，对于特别重要的合作伙伴，企业一定要做到程序公平，增加合作伙伴在合作过程中的话语权和参与感。另外，由于我国关系和面子文化的存在，互动公平在供应链合作关系中发挥着比分配公平更重要的作用，合作伙伴的业务代表被得体和尊重地对待，会对企业做出更加积极的反馈。因此，供应链经理需要理解互动公平在我国文化中的特殊作用。

第二，对公平的模式划分发现，在我国制造业供应链背景下，公平存在四种模式，每种模式对合作关系会产生不同的影响。分配公平和互动公平高的模式更有利于促进非强制权力的使用；而程序公平高的模式更有利于降低强制权力的使用。也就是说，企业可能不需要做到三种公平都高就可以对供应链合作关系带来一定的好处。因此，本书建议，企业首先需要识别出他们想让合作伙伴增加或减少哪些行为，然后根据这个目的调整与合作伙伴之间的公平模式。如果供应链经理想让合作伙伴进行更多知识和价值的传递，即非强制权力的使用，企业不需要做到三种公平都很高的模式，低程序公平的模式就可以实现与三种公平都高的模式同样的效果。如果供应链经理想控制合作企业强制权力的使用，则需要做到程序公平高，另外两种公平可以适当放松。同时，供应链经理需要认识到，三种公平都低的模式最不利于提高供应链伙伴的积极合作行为。总体来讲，本书的启示在于，企业可以根据合作目的有针对性地调整对待合作伙伴的公平模式，节约配置在公平上的精力和资源，不需要做到三种公平都很高就可以实现一些合作目标。

2. 使用权力控制供应链合作伙伴的投机行为

我国是一个高权力距离的国家，权力在供应链关系管理中的使用比较普遍。在我国高权力距离的文化下，权力也更容易发挥作用。本书对于权力与投机关系的研究，具有以下管理启示：

第一，本书建议供应链经理在供应链合作中多使用非强制权力控制供应商的投机行为。研究发现，非强制权力作为一种非正式的关系机制，能够综合信任和关系规范两种机制的优点，对投机行为的控制具有显著的作用。具体而言，制造商使用非强制权力一方面可以通过向供应商提供建议、知识和信息，增加供应商的信任和关系承诺，从而降低供应商投机行为；另一方面可以通过价值观和行为规范与供应商之间建立共同的合作基础和共同规范，从而有利于共同目标的建立，减少供应商投机的动机。因此，非强制权力可能比信任和关系规范控制投机的作用更好。

第二，由于强制权力对投机行为的提高作用很显著，本书建议供应链经理在合作关系中尽量减少强制权力的使用。虽然当企业的权力位置比较高时，可以使用强制权力追求一些额外的利益，但是这样会导致被使用权力的一方做出更多投机行为，从而造成合作双方两败俱伤的局面。此外，在我国制造业供应链背景下，对权力的模式划分发现，高强制权力模式的样本大概占到一半（n = 109），说明在我国企业的供应链合作中，强制权力的使用偏多，非常不利于合作关系实现双赢。因此，本书强烈建议供应链经理减少强制权力的使用，多使用非强制权力影响供应链合作伙伴，从而提高我国供应链合作中的关系质量，实现合作双赢。

3. 了解我国法律环境和市场环境对权力作用和供应链关系治理的影响

任何企业都嵌入在一定的宏观环境中，企业决策及其结果的有效性也都受限于所处的外部环境。本书探讨了法律环境和市场环境对供应链关系的影响。法律环境通过影响企业对知识的需求度和对风险感知的敏感度影响企业的决策和结果。同时，市场环境的不确定性通过影响企业所获得信息的时效性、有效性和全面程度影响企业的决策和结果。具体而言，本书的管理启示在于：

第一，当企业对法律认可和信赖较低时，供应链经理应该多使用非强制权力治理投机行为；在市场环境不确定性高的环境下，供应链成员应该采取一些手段，尽量减少环境模糊性对非强制权力带来的负面作用。法律环境不确定性意味着企业认为知识产权缺乏保护，知识获取难度增加，同时，也让企业变得对风险更加敏感，更需要有共同合作基础的可靠的合作伙伴，这个时候非强制权力起到了雪中送炭的作用，既提供知识和建议，又有利于建立共同规范和合作基础，因此对降低投机行为的作用更大了。在短期内，较难改变企业对我国法律体系的认知，在这种情况下，建议供应链经理人多对合作伙伴使用非强制权力，不仅可以帮助合作伙伴这个利益共同体，还会在很大程度上降低对方的投机行为，最终实现整体利益最大化。当然，建议我国企业提高法律认知，意识到我国法律已相当健全，要学会使用法律的武器保护自己的合法权益。

市场环境不确定性由于改变了信息和知识的时效性和有效性，降低了非强制权力中知识和建议的作用，也模糊了非强制权力使用的意图，因此减弱了非强制权力对投机行为的作用。本书指出，由于我国制造企业参与全球竞争，依然会面临比较高的市场环境不确定性，当市场波动较大时，企业应该与供应链伙伴加强沟通，就合作目标、行为意图进行沟通，尽量减少环境模糊性对非强制权力带来的负面作用，通过沟通发挥出非强制权力的优势。

第二，法律环境不确定性和市场环境不确定性都是对企业不利的环境因素，在这种环境中，更应该减少强制权力的使用。虽然企业无法改变外部的环境因素，但是可以控制自己在合作中的行为，尽量不凸显环境因素中不利的一面。具体来讲，本书建议供应链经理在当前的外部环境中，应该尽量避免在合作中做出负面的行为，例如强制权力的使用，因为外部不利的环境因素会扩大合作伙伴对负面行为的感知，也就是说，在环境不确定性高的情况下出现的行为不确定性，起到了雪上加霜的效果，会引起合作伙伴更多的投机行为。总体来讲，当环境不确定性较高时，要建立良好的合作关系，企业应该尽量多释放出可靠、可信和合作的信号，而不应该使用强制权力，释放出不合作的信号。这种不合作的信号会变成催化剂，促使合作伙伴利用环境的不确定性做出更多投机行为，从而导致合作关系两败俱伤的局面。因此，建议我国制造企业在当前的法律和市场环境下，认识到强制权力更加有害的一面，减少在合作中强制权力的使用。

7.4　研究局限与展望

本书在我国制造业供应链背景下研究了公平、权力、环境不确定性和投机行为之间的关系，虽然在理论和实践上都有一定的贡献，但是本书仍然有以下几个方面的局限性，并基于此提出本书的未来展望：

第一，在研究方法方面，本书使用探索性案例研究简单探究了供应链上公平、权力和投机的关系，但是，本书只选取了两家案例企业，并且每家案例企业只选取了供应链经理或者采购经理一人进行深度访谈。虽然供应链经理或采购经理对于供应链关系最为了解，但是所得信息还是有限，希望未来的研究可以深度调查一些一线员工。此外，本书没有采用时序性案例分析，只分析了一个时间截面上公平、权力和投机之间的关系。希望未来的研究可以使用时序性案例分析，研究一个时间段的公平对下一个时间段权力的影响。

第二，在数据收集方面，本书的数据全部来自制造商企业。研究供应链上买卖双方之间的关系，使用来自单方的数据能够提供的视角比较有限。比如，制造商使用权力对供应商投机行为的影响可能与供应商使用权力对制造商投机行为的影响不同。因此，希望未来的研究可以使用从买卖双方收集到的双边数据研究公平、权力和投机行为之间的关系，从双边视角提出更完整的理论框架。

第三，在模型构建方面，本书没有考虑买卖双方权力不对称性对模型的整体影响。以往研究表明，在供应链中的买卖双方中普遍存在权力位置不对等的情况，即总存在一方的权力大于另一方，或者制造商权力大于供应商，或者供应商权力大于制造商。权力的不对称性可能会影响公平与权力，以及权力与投机之间的关系。希望未来的研究可以探讨权力不对称性对公平、权力和投机之间关系的影响。

附录 1　访谈提纲

A 部分　您个人的基本信息

1. 您的工作邮箱是什么?

2. 您在贵公司工作多久了?

3. 您在贵公司当采购经理/供应链经理多长时间了?

4. 您个人与贵公司主要供应商业务代表或经理的个人关系如何?

5. 您在贵公司的采购活动/与主要供应商的业务往来中，主要扮演的角色是什么?主要从事哪些活动或参与哪些决策?

B 部分　贵公司的基本信息

1. 贵公司的基本信息，发展历史简介。

2. 贵公司生产哪些产品?主营业务是什么?

3. 贵公司的年度销售额如何?在行业内贵公司大概处于什么位置?

4. 贵公司大概有多少员工?

5. 贵公司有多少家供应商?

C 部分　贵公司与主要供应商的整体关系

主要供应商：在贵公司的采购额中所占比例最大的供应商

1. 贵公司与主要供应商合作多久了?

2. 贵公司从主要供应商采购的额度占贵公司整体采购额度的比例为多少?

3. 贵公司是否比较容易在市场上寻找到替代目前主要供应商的其他供应商?

4. 请从 0 到 100 中选择数字为贵公司与主要供应商之间的关系打分。请详细解释为什么打这个分数，您对主要供应商在哪些方面满意，在哪些方面不满意?

D 部分　主要供应商对贵公司的公平程度

1. 相对于贵公司对主要供应商合作关系的各项投入（例如，人力、物资、财产等方面的付出、承担的角色和责任、付出的努力等），您觉得贵公司从合作中所获得的收益公平吗？请简述原因。

2. 与主要供应商的其他客户相比，您觉得贵公司从合作关系中所获得的收益公平吗？请简述原因。

3. 主要供应商的政策改变时（例如，供货政策改变、供货价格调整等），是否会听从贵公司的意见？贵公司的意见被重视的程度如何？请详细说明。

4. 主要供应商在处理合作过程中出现的问题时，解决问题的方法或者处理问题的流程是否公平？请详细说明。

5. 贵公司与主要供应商之间是否有高频度的双向沟通？请详细说明沟通的情况。

6. 您觉得在与主要供应商合作时，是否受到足够的尊重？请详细说明主要供应商对待贵公司/您个人的态度如何。

E 部分　贵公司对主要供应商权力使用的情况

1. 当贵公司想让主要供应商满足自己的要求或达成某个目标时，贵公司通常使用的方法是什么？请详细说明。

2. 贵公司是否曾经或经常暗示主要供应商如果他们不按照你们的要求做某件事情，就得不到优待，或者得不到必要的服务，或者会受到一些惩罚？请详细说明，是在什么情况下对主要供应商采取这些强制手段。

3. 贵公司是否经常向主要供应商提供有利于供应商发展的建议？请详细说明。

4. 贵公司是否会派出专家对主要供应商提供业务上的指导或者分享市场知识和信息给主要供应商？请详细说明。

F 部分　主要供应商的投机行为

贵公司觉得主要供应商是否会做出向贵公司隐瞒重要的信息、承诺一些事情但又无法兑现、篡改事实或者夸大他们的能力以得到想要的东西诸如此类的投机行为？请说明在什么情况下供应商会做出这些行为。

附录 2　调查问卷

A 部分　公司基本信息

1. 受访公司全名：

公司注册地：

2. 从资本来源看，贵公司主要属于哪种性质的公司：

（1）地方政府部门控股的国有企业

（2）国有资产投资管理部门控股的国有企业

（3）中央企业　　（4）合资　　（5）外商独资公司

（6）世界 500 强公司　　（7）国内民营

（8）其他：____________

3. 您在公司的职位是：

（1）副总经理或总经理　　（2）运营或生产主管　　（3）物料主管

（4）采购主管　　（5）销售主管　　（6）物流主管

（7）其他（请详细注明____________）

4. 贵公司所属行业：

（1）制造业

食品/饮料/酿酒/卷烟　　电子通信设备　　纺织/服装　　家电

日化　　皮革皮具　　橡胶/塑料　　制药/医疗

木材/家具　　文教体育用品　　汽车　　金属制品

机械制造业　　其他________

（2）分销业　　（3）其他

5. a. 贵公司目前的全职职工总数为：

（1）100 人以下　　（2）100 ~ 499 人

（3）500 ~ 999 人　　（4）1000 ~ 4999 人

（5）5000 人或以上

b. 贵公司从业时间（合资公司指在中国从业的时间）已达：

（1）3 年以内　　（2）3 ~8 年　　（3）8 年以上

c. 贵公司固定资产总值为：

（1）100 万 ~ 499 万元　　（2）500 万 ~ 999 万元

（3）1000 万 ~ 4999 万元　　（4）5000 万 ~9999 万元

（5）1 亿 ~3 亿元　　（6）3 亿元以上

d. 贵公司 2007 年的营业额为：

（1）100 万 ~499 万元　　（2）500 万 ~999 万元

（3）1000 万 ~4999 万元　　（4）5000 万 ~9999 万元

（5）1 亿 ~3 亿元　　（6）3 亿元以上

6. 贵公司的管理文化主要是哪一种类型（请打勾）：

中国大陆　欧洲　日本　中国香港特区　中国台湾地区　北美

其他______________

B 部分　供应链关系管理

1. 下面是关于贵公司公平性感知的描述，请表明您的同意程度：

贵公司分配公平感知

贵公司从采购供应商产品中获得的回报，在下列方面的公平程度是	非常不公平　非常公平						
（a）与贵公司为支持供应商产品线而投入的努力和投资相比	1	2	3	4	5	6	7
（b）与供应商合作关系中贵公司承担的角色和责任相比	1	2	3	4	5	6	7
（c）与行业中其他类似的制造商的回报相比	1	2	3	4	5	6	7
（d）与贵公司对供应商做出的贡献相比	1	2	3	4	5	6	7

贵公司程序公平感知和互动公平感知

（1）在与贵公司的交往过程中，主要供应商的程序公平	非常不同意　非常同意						
a. 供应商不采取歧视政策，公平的对待所有的制造商	1	2	3	4	5	6	7
b. 供应商对所有制造商采取一致的政策和同样的决策程序	1	2	3	4	5	6	7
c. 供应商在商业关系中总是秉行公平的原则	1	2	3	4	5	6	7
（2）在与贵公司的交往过程中，主要供应商的互动公平	非常不同意　非常同意						
a. 对于贵公司的异议，供应商有时会相应调整其分销政策	1	2	3	4	5	6	7
b. 贵公司对供应商的政策和程序提出异议时，供应商会认真对待	1	2	3	4	5	6	7
c. 供应商通常会向贵公司解释他们的决策	1	2	3	4	5	6	7
d. 对于会影响到贵公司的政策变更，供应商会提供合理正当的理由	1	2	3	4	5	6	7
e. 对于供应商政策的变化，供应商很愿意解释理由	1	2	3	4	5	6	7

2. 下面是有关贵公司权力使用的看法，请表明您的同意程度：

（1）强制性权力的使用	非常不同意　非常同意						
a. 即使贵公司的要求超出了合同的规定，供应商也需要服从	1	2	3	4	5	6	7
b. 如果不按照贵公司的要求去做，供应商就得不到贵公司的优待	1	2	3	4	5	6	7
c. 贵公司经常暗示如果不遵从你们的要求，就会采取行动削弱供应商的利润	1	2	3	4	5	6	7
d. 如果不遵从贵公司的意愿，你们就不会给予供应商必要的服务	1	2	3	4	5	6	7
e. 因为听从贵公司的要求，供应商从而避免了像其他同行一样所遇到的刁难	1	2	3	4	5	6	7
（2）非强制性权力的使用	非常不同意　非常同意						
a. 贵公司让供应商相信应该采纳你们的建议	1	2	3	4	5	6	7
b. 贵公司有能力提出恰当的建议	1	2	3	4	5	6	7
c. 贵公司经常向供应商提出建议	1	2	3	4	5	6	7
d. 你们双方在经营理念上十分相似，供应商因而愿意做你们期望的事	1	2	3	4	5	6	7
e. 贵公司比供应商掌握更多的市场信息	1	2	3	4	5	6	7

3. 下面是对市场环境不确定性的测量，请表明您的同意程度：

	非常不同意					非常同意	
a. 在市场中主产品的可得性是非常不确定的	1	2	3	4	5	6	7
b. 在市场中主产品产量的不确定性是一个确实存在的问题	1	2	3	4	5	6	7
c. 主产品的供应是不稳定的	1	2	3	4	5	6	7
d. 在市场中主产品的价格是不稳定的	1	2	3	4	5	6	7

4. 以下陈述是关于公司间合作的法律环境，请表明您的同意程度：

	非常不同意					非常同意	
a. 通过法律手段来解决企业间合作问题的成本（包括费用和时间）比较高	1	2	3	4	5	6	7
b. 通过法律手段，一般难以让合作双方都能得到公正的判决	1	2	3	4	5	6	7
c. 法律裁决的结果一般都难以被合作双方顺利执行	1	2	3	4	5	6	7

5. 下面是有关企业间合作时主要供应商机会主义的描述，请表明您的看法：

	非常不同意					非常同意	
a. 贵公司的主要供应商经常夸大它们的需求以获得它们期望得到的东西	1	2	3	4	5	6	7
b. 贵公司的主要供应商经常篡改事实来得到他们想得到的东西	1	2	3	4	5	6	7
c. 你们有理由确信贵公司的主要供应商经常向你们隐瞒重要的信息	1	2	3	4	5	6	7
d. 贵公司的主要供应商经常向你们承诺做一些事情，尽管它们并没有坚持做完这些事情的意图	1	2	3	4	5	6	7

参考文献

[1] 边玥．三洋冷链供应商管理问题案例研究［D］．大连理工大学，2013.

[2] 陈晓萍，徐淑英，樊景立．组织与管理研究的实证方法［M］．北京：北京大学出版社，2008.

[3] 段锦云，王重鸣，钟建安．大五和组织公平感对进谏行为的影响研究［J］．心理科学，2007，30（1）：19－22.

[4] 韩顺平，徐波．渠道权力的来源，使用与渠道绩效——关于我国汽车营销渠道的实证研究［J］．经济管理，2007（2）：37－41.

[5] 胡保玲．制造商权力策略对经销商情感承诺的影响研究［J］．财贸研究，2007，6：115－121.

[6] 胡保玲．制造商权力策略对经销商绩效的影响研究［J］．财经论丛，2009（2）：97－102.

[7] 霍宝锋，韩昭君，赵先德．权力与关系承诺对供应商整合的影响［J］．管理科学学报，2013，16（4）33－50.

[8] 柯丽菲，黄远仅，姚建明．服务性企业员工组织公民行为与组织承诺，组织公平感关系实证研究［J］．软科学，2007，21（5）：17－21.

[9] 李超平，时勘．分配公平与程序公平对工作倦怠的影响［J］．心理学报，2003，35（5）：677－684.

[10] 李超平，时勘．优势分析在组织行为学研究中的应用——组织公平与工作倦怠关系的实证研究［J］．数理统计与管理，2005，24（6）：44－48.

[11] 李苗，庄贵军，张涛，季刚．企业间关系质量对关系型渠道治理机制

的影响：企业 IT 能力的调节作用 [J]. 营销科学学报, 2013, 9 (1): 79-89.

[12] 李艳华, 凌文铨. 谈组织公平与工作场所中越轨行为的关系 [J]. 商业时代, 2006, (16): 45-45.

[13] 刘衡. 合作双元性与组织间合作绩效的关系研究：以公平感知为调节变量 [J]. 博士学位论文, 西安交通大学. 2011.

[14] 刘璞, 井润田, 刘煜. 基于组织支持的组织公平与组织承诺关系的实证研究 [J]. 管理评论, 2008, 20 (11): 31-35.

[15] 孟太生, 刘璞, 井润田. 基于组织公平的变革型领导行为与组织公民权行为关系的实证研究 [J]. 科研管理, 2007, 28 (6): 123-129.

[16] 苗仁涛, 孙健敏, 刘军. 基于工作态度的组织支持感与组织公平对组织公民行为的影响研究 [J]. 商业经济与管理, 2012 (9): 29-40.

[17] 彭本红, 谷晓芬, 武柏宇. 服务型制造的合同治理, 关系治理与项目绩效：基于利益相关者的视角 [J]. 中国科技论坛, 2016 (2): 34-40.

[18] 彭雷清, 张正阳. 渠道权力与关系质量, 团结的研究——关系质量的中介作用 [J]. 中国零售研究, 2009 (1): 94-106.

[19] 钱丽萍, 刘益, 喻子达, 陶蕾. 制造商影响战略零售商的知识转移——渠道关系持续时间的调节影响 [J]. 管理世界, 2010 (2): 93-105.

[20] 秦志华, 傅升, 蒋诚潇. 基于领导—成员交换视角的组织公平与组织认同关系研究 [J]. 商业经济与管理, 2010, 2 (15): 37-43.

[21] 任星耀, 朱建宇, 钱丽萍, 王鹏. 渠道中不同机会主义的管理：合同的双维度与关系规范的作用研究 [J]. 南开管理评论, 2012 (3): 12-21.

[22] 谈毅, 慕继丰. 论合同治理和关系治理的互补性与有效性 [J]. 公共管理学报, 2008, 5 (3): 56-62.

[23] 唐鸿. 营销渠道权力对渠道关系质量影响的实证分析 [J]. 软科学, 2009, 23 (11): 140-144.

[24] 汪欣. 基于"中国制造 2025"的供应链管理研究 [J]. 商业经济研究, 2016 (20): 183-186.

[25] 汪新艳. 中国员工组织公平感结构和现状的实证解析 [J]. 管理评论, 2009 (9): 39-47.

[26] 汪新艳和廖建桥. 组织公平感对员工绩效的影响 [J]. 工业工程与管

理，2009，14（2）：97－102.

［27］王立磊，张剑渝，胥兴安．感知供应商“关系”取向对分销商机会主义行为的影响——治理策略的调节作用［J］．商业经济与管理，2015（6）：25－37.

［28］王叶飞，蔡太生，邓黎．情绪智力，组织公平感与工作满意度关系的研究［J］．中国临床心理学杂志，2010（2）：223－224.

［29］严丹，张立军．组织公平对组织承诺及组织公民行为影响［J］．工业工程与管理，2010（3）：76－80.

［30］颜家平．制造业步入供应链协同时代［J］．物流技术与应用，2016（9）：62－66.

［31］于海波，郑晓明．组织公平感对薪酬满意度的影响［J］．科学与科学技术管理，2009（8）：186－191.

［32］张闯，杜楠．企业社会资本对渠道权力与依赖的影响［J］．商业经济与管理，2012（1）：43－50.

［33］张闯，杜楠，吴启双．渠道公平对长期导向和渠道投机行为的影响［J］．China Management Studies，2012a（7）：86－104.

［34］张闯，关宇虹．营销渠道网络结构对渠道权力应用结果的放大与缓冲作用：社会网络视角［J］．管理评论，2013，25（6）：141－153.

［35］张闯，张涛，庄贵军．渠道关系强度对渠道权力应用的影响——关系嵌入的视角［J］．管理科学，2012b：56－68.

［36］张戌凡，周路路，赵曙明．组织公平组合与员工沉默行为关系的实证研究［J］．管理学报，2013，10（5）：693－699.

［37］郑蕊，鲁郁陶．非经济性薪酬和组织公平性对薪酬满意度的影响［J］．价值工程，2008，27（2）：113－115.

［38］周健明，陈明，刘云枫．食品饮料制造商渠道权力选择对渠道忠诚维护的影响研究［J］．经济论坛，2014（1）：119－122.

［39］周茵，庄贵军，崔晓明．营销渠道中的渠道关系，权力使用与投机行为［J］．商业经济与管理，2011（3）：91－97.

［40］周茵，庄贵军，王非．破解渠道投机的恶性循环：合同治理与关系治理权变模型［J］．西安交通大学学报：社会科学版，2015，35（1）：40－47.

［41］朱仁崎，孙多勇，彭黎明．组织公平与工作绩效的关系：组织支持感的中介作用［J］．系统工程，2013，6：30－36.

［42］庄贵军，席酉民．中国营销渠道中私人关系对渠道权力使用的影响［J］．管理科学学报，2004，7（6）：52－62.

［43］庄贵军，徐文，周筱莲．关系营销导向对企业使用渠道权力的影响［J］．管理科学学报，2008，11（3）：114－124.

［44］Abdi, M., & Aulakh, P. S. Do Counfry-level Institutional Frameworks and Interfirm Governance Arrangements Substitute or Complement in International Business Relationships?［J］. *Journal of International Business Studies*, 2012, 43（5）: 477－497.

［45］Adams, J. S. Inequity in Social Exchange［J］. *Advances in Experimental Social Psychology*, 1965, 2: 267－299.

［46］Ambrose, M. L., & Schminke, M. Organization Structure as a Moderator of the Relationship between Procedural Justice, Interactional Justice, Perceived Organizational Support, and Supervisory Trust［J］. *Journal of Applied Psychology*, 2003, 88（2）: 295－305.

［47］Ambrose, M. L., Schminke, M., & Mayer, D. M. Trickle-down Effects of Supervisor Perceptions of Interactional Justice: A Moderated Mediation Approach［J］. *Journal of Applied Psychology*, 2013, 98（4）: 678－689.

［48］Anderson, J. C., & Narus, J. A. A model of Distributor Firm and Manufacturer Firm Working Partnerships［J］. *Journal of Marketing*, 1990, 54（1）: 42－58.

［49］Andrews, M. C., Kacmar, K. M., & Harris, K. J. Got Political Skill? The Impact of Justice on the Importance of Political Skill for Job Performance［J］. *Journal of Applied Psychology*, 2009, 94（6）: 1427－1437.

［50］Aquino, K., Tripp, T. M., & Bies, R. J. Getting Even or Moving on? Power, Procedural Justice, and Types of Offense as Predictors of Revenge, Forgiveness, Reconciliation, and Avoidance in Organizations［J］. *Journal of Applied Psychology*, 2006, 91（3）: 653－668.

［51］Argyres, N. S., & Liebeskind, J. P. Contractual Commitments, Bargaining Power, and Governance Inseparability: Incorporating History into Transaction Cost Theory [J]. *Academy of Management Review*, 1999, 24 (1): 49 -63.

[52] Ariño, A. To do or not to do? Noncooperative Behavior by Commission and Omission in Interfirm Ventures [J]. *Group & Organization Management*, 2001, 26 (1): 4 -23.

[53] Ariño, A., & Ring, P. S. The Role of Fairness in Alliance Formation [J]. *Strategic Management Journal*, 2010, 31 (10): 1054 -1087.

[54] Aryee, S., & Chay, Y. W. Workplace justice, Citizenship Behavior, and Turnover Intentions in a Union Context: Examining the Mediating Role of Perceived Union Support and Union Instrumentality [J]. *Journal of Applied Psychology*, 2001, 86 (1): 154 -160.

[55] Aryee, S., Walumbwa, F. O., Mondejar, R., & Chu, C. W. L. Accounting for the Influence of Overall Justice on Job Performance: Integrating Self-determination and Social Exchange Theories [J]. *The Journal of Management Studies*, 2015, 52 (2): 231 -252.

[56] Astley, W. G., & Sachdeva, P. S. Structural Sources of Intraorganizational Power: A Theoretical Synthesis [J]. *Academy of Management review*, 1984, 9 (1): 104 -113.

[57] Bai, X., Sheng, S., & Li, J. J. Contract Governance and Buyer-supplier Conflict The Moderating Role of Institutions [J]. *Journal of Operations Management*, 2016, 41: 12 -24.

[58] Bandura, A. Social Foundations of Thought and Action: A Cognitive Social Theory [M]. Pretince Hall, Englewood Cliffs, New York, 1986.

[59] Barclay, L. J., & Kiefer, T. Approach or Avoid? Exploring Overall Justice and the Differential Effects of Positive and Negative Emotions [J]. *Journal of Management*, 2014, 40 (7): 1857 -1898.

[60] Bell, B. S., Wiechmann, D., & Ryan, A. M. Consequences of Organizational Justice Expectations in a Selection System [J]. *Journal of Applied Psychology*, 2006, 91 (2): 455 -466.

[61] Benton, W. C., &Maloni, M. The Influence of Power Driven Buyer/sell-

er Relationships on Supply Chain Satisfaction [J]. *Journal of Operations Management*, 2005, 23 (1): 1-22.

[62] Berman, J. S., & Kenny, D. A. Correlational Bias in Observer Ratings [J]. *Journal of Personality and Social Psychology*, 1976, 34 (2): 263-273.

[63] Bettencourt, L. A., & Brown, S. W. Contact Employees: Relationships Among Workplace Fairness, Job Satisfaction and Prosocial Service Behaviors [J]. *Journal of Retailing*, 1997, 73 (1): 39-61.

[64] Beugré, C. D., & Acar, W. Offshoring and Cross-border Interorganizational Relationships: A Justice Model [J]. *Decision Sciences*, 2008, 39 (3): 445-468.

[65] Bies, R. J., & Moag, J. F. *Interactional Justice: Communication Criteria of Fairness* [M]. Greenwich, CT: JAI Press, 1986.

[66] Blader, S. L., & Chen, Y.-R. What Influences How Higher-status People Respond to Lower-status Others? Effects of Procedural Fairness, Outcome Favorability, and Concerns about Status [J]. *Organization Science*, 2011, 22 (4): 1040-1060.

[67] Blader, S. L., & Tyler, T. R. Testing and Extending the Group Engagement Model: Linkages between Social Identity, Procedural Justice, Economic Outcomes, and Extrarole Behavior [J]. *Journal of Applied Psychology*, 2009, 94 (2): 445-464.

[68] Blau, P. M. *Exchange and Power in Social Life* [M]. New York: John Wiley, 1964.

[69] Blodgett, J. G., Hill, D. J., & Tax, S. S. The Effects of Distributive, Procedural, and Interactional Justice on Postcomplaint Behavior [J]. *Journal of Retailing*, 1997, 73 (2): 185-210.

[70] Bozarth, C., & McDermott, C. Configurations in Manufacturing Strategy: A Review and Directions for Future Research [J]. *Journal of Operations Management*, 1998, 16 (4): 427-439.

[71] Brace, I. *Questionnaire Design: How to Plan, Structure and Write Survey Material for Effective Market research* [M]. Kogan Page Publishers, 2008.

[72] Brass, D. J. Power in Organizations: A Social Network Perspective [J].

Research in Politics and Society, 1992, 4 (1): 295 -323.

[73] Brass, D. J. , & Burkhardt, M. E. Potential Power and Power Use: An Investigation of Structure and Behavior [J]. *Academy of Management Journal*, 1993, 36 (3): 441 -470.

[74] Brockner, J. Making Sense of Procedural Fairness: How High Procedural Fairness Can Reduce or Heighten the Influence of Outcome Favorability [J]. *The Academy of Management Review*, 2002, 27 (1): 58 -76.

[75] Brockner, J. , Chen, Y. -R. , Mannix, E. A. , Leung, K. , & Skarlicki, D. P. Culture and Procedural Fairness: When the Effects of what You do Depend on how You do It. *Administrative Science Quarterly*, 2000, 45 (1): 138 -159.

[76] Brockner, J. , Fishman, A. Y. , Reb, J. , Goldman, B. , Spiegel, S. , & Garden, C. Procedural Fairness, Outcome Favorability, and Judgments of an Authoritys Responsibility [J]. *Journal of Applied Psychology*, 2007, 92 (6): 1657 -1671.

[77] Brockner, J. , Konovsky, M. A. , Cooper-Schneider, R. , Folger, R. , Martin, C. L. , & Bies, R. J. Interactive Effects of Procedural Justice and Outcome Negativity on Victims and Survivors of Job Loss [J]. *Academy of Management Journal*, 1994, 37 (2): 397 -409.

[78] Brown, J. R. , Cobb, A. T. , &Lusch, R. F. The Roles Played by Interorganizational Contracts and Justice in Marketing Channel Relationships [J]. *Journal of Business Research*, 2006, 59 (2): 166 -175.

[79] Brown, J. R. , Dev, C. S. , & Dong-Jin, L. Managing Marketing Channel Opportunism: The Efficacy of Alternative Governance Mechanisms [J]. *Journal of Marketing*, 2000, 64 (2): 51 -65.

[80] Brown, J. R. , Grzeskowiak, S. , & Dev, C. S. Using Influence Strategies to Reduce Marketing Channel Opportunism: The Moderating Effect of Relational Norms [J]. *Marketing Letters*, 2009, 20 (2): 139 -154.

[81] Brown, J. R. , Lusch, R. F. , & Muehling, D. D. Conflict and Power-dependence Relations in Retailer-supplier Channels [J]. *Journal of Retailing*, 1983, 59 (4): 53 -80.

[82] Brown, J. R. , Lusch, R. F. , & Nicholson, C. Y. Power and Relation-

ship Commitment: Their Impact on Marketing Channel Member Performance [J]. *Journal of Retailing*, 1995, 71 (4): 363 – 392.

[83] Burkert, M., Ivens, B. S., & Shan, J. Governance Mechanisms in Domestic and International Buyer-supplier Relationships: An Empirical Study [J]. *Industrial Marketing Management*, 2012, 41 (3): 544 – 556.

[84] Burns, T. E., & Stalker, G. M. *The Management of Innovation* [M]. London: Tavistock, 1961.

[85] Cai, S., Goh, M., de Souza, R., & Li, G. Knowledge Sharing in Collaborative Supply Chains: Twin Effects of Trust and Power [J]. *International Journal of Production Research*, 2013, 51 (7): 2060 – 2076.

[86] Cannon, J. P., Achrol, R. S., & Gundlach, G. T. Contracts, Norms, and Plural form Governance [J]. *Journal of the Academy of Marketing Science*, 2000, 28 (2): 180 – 194.

[87] Cao, Z., & Lumineau, F. Revisiting the Interplay between Contractual and Relational Governance: A Qualitative and Meta-analytic Investigation [J]. *Journal of Operations Management*, 2015: 33 – 34, 15 – 42.

[88] Carr, C. L. Thefairserv Model: Consumer Reactions to Services Based on a Multidimensional Evaluation of Service Fairness [J]. *Decision Sciences*, 2007, 38 (1): 107 – 130.

[89] Carson, S. J., Madhok, A., & Wu, T. Uncertainty, Opportunism, and Governance: The Effects of Volatility and Ambiguity on Formal and Relational Contracting [J]. *Academy of Management Journal*, 2006, 49 (5): 1058 – 1077.

[90] Cavusgil, S. T., Deligonul, S., & Zhang, C. Curbing Foreign Distributor Opportunism: An Examination of Trust, Contracts, and the Legal Environment in International Channel Relationships [J]. *Journal of International Marketing*, 2004, 12 (2): 7 – 27.

[91] Charterina, J., & Landeta, J. The Pool Effect of Dyad-based Capabilities on Seller Firms' Innovativeness [J]. *European Journal of Innovation Management*, 2010, 13 (2): 172 – 196.

[92] Chen, C., Zhu, X., Ao, J., & Cai, L. Governance Mechanisms and

New Venture Performance in China [J]. *Systems Research and Behavioral Science*, 2013, 30 (3): 383 -397.

[93] Chen, H., Ellinger, A. E., & Tian, Y. Manufacturer-supplier Guanxi Strategy: An Examination of Contingent Environmental Factors [J]. *Industrial Marketing Management*, 2011, 40 (4): 550 -560.

[94] Chen, J., Zhao, X., Lewis, M., & Squire, B. A multi-method Investigation of Buyer Power and Supplier Motivation to Share Knowledge [J]. *Production and Operations Management*, 2016, 25 (3): 417 -431.

[95] Chicksand, D. Partnerships: The Role that Power Plays in Shaping Collaborative Buyer-supplier Exchanges [J]. *Industrial Marketing Management*, 2015, 48: 121 -139.

[96] Chinomona, R. Dealer's Legitimate Power and Relationship Quality in Guanxi Distribution Channel: A Social Rule System Theory Perspective [J]. *International Journal of Marketing Studies*, 2013, 5 (1): 42 -58.

[97] Choi, J. Event Justice Perceptions and Employees' Reactions: Perceptions of Social Entity Justice as a Moderator [J]. *Journal of Applied Psychology*, 2008, 93 (3): 513 -528.

[98] Cohen-Charash, Y., & Spector, P. E. The Role of Justice in Organizations: A Meta-analysis [J]. *Organizational Behavior and Human Decision Processes*, 2001, 86 (2): 278 -321.

[99] Cole, M. S., Bernerth, J. B., Walter, F., & Holt, D. T. Organizational Justice and Individuals' Withdrawal: Unlocking the Influence of Emotional Exhaustion [J]. *The Journal of Management Studies*, 2010, 47 (3): 367 -390.

[100] Cole, M. S., Carter, M. Z., & Zhang, Z. Leader-team Congruence in Power Distance Values and Team Effectiveness: The Mediating Role of Procedural Justice Climate [J]. *Journal of Applied Psychology*, 2013, 98 (6): 962 -973.

[101] Colquitt, J. A. On the Dimensionality of Organizational Justice: A Construct Validation of a Measure [J]. *Journal of Applied Psychology*, 2001, 86 (3): 386 -400.

[102] Colquitt, J. A., Conlon, D. E., Wesson, M. J., Christopher, O. L.

H. P. , & Ng, K. Y. Justice at the Millennium: A Meta-analytic Review of 25 Years of Organizational Justice Research [J]. *Journal of Applied Psychology*, 2001, 86 (3): 425 -445.

[103] Colquitt, J. A. , Lepine, J. A. , Piccolo, R. F. , Zapata, C. P. , & Rich, B. L. Explaining the Justice-performance Relationship: Trust as Exchange Deepener or Trust as Uncertainty Reducer? [J] *Journal of Applied Psychology*, 2012, 97 (1): 1 -15.

[104] Colquitt, J. A. , Long, D. M. , Rodell, J. B. , & Halvorsen-Ganepola, M. D. K. Adding the "in" to Justice: A Qualitative and Quantitative Investigation of the Differential Effects of Justice Rule Adherence and Violation [J]. *Journal of Applied Psychology*, 2015, 100 (2): 278 -297.

[105] Colquitt, J. A. , & Rodell, J. B. Justice, Trust, and Trustworthiness: A Longitudinal Analysis Integrating Three Theoretical Perspectives [J]. *Academy of Management Journal*, 2011, 54 (6): 1183 -1206.

[106] Colquitt, J. A. , Scott, B. A. , Rodell, J. B. , Long, D. M. , Zapata, C. P. , Conlon, D. E. , & Wesson, J. Justice at the Millennium, a Decade Later: A Meta-analytic Test of Social Exchange and Affect-based Perspectives [J]. *Journal of Applied Psychology*, 2013, 98 (2): 199 -236.

[107] Conner, K. R. , &Prahalad, C. K. A Resource-based Theory of the Firm: Knowledge Versus Opportunism [J]. *Organization Science*, 1996, 7 (5): 477 -501.

[108] Cook, K. S. , & Emerson, R. M. Power, Equity and Commitment in Exchange Networks [J]. *American sociological review*, 1978, 43 (5): 721 -739.

[109] Cowan, K. , Paswan, A. K. , & Van Steenburg, E. When Inter-firm Relationship Benefits Mitigate Power Asymmetry [J]. *Industrial Marketing Management*, 2015, 48: 140 -148.

[110] Cropanzano, R. , Bowen, D. E. , & Gilliland, S. W. The Management of Organizational Justice [J]. *The Academy of Management Perspectives*, 2007, 21 (4): 34 -48.

[111] Cropanzano, R. , Byrne, Z. S. , Bobocel, D. R. , & Rupp, D. E. Mor-

al Virtues, Fairness Heuristics, Social Entities, and Other Denizens of Organizational Justice [J]. *Journal of Vocational Behavior*, 2001a, 58 (2): 164 -209.

[112] Cropanzano, R., & Mitchell, M. S. Social Exchange Theory: An Interdisciplinary Review [J]. *Journal of Management*, 2005, 31 (6): 874 -900.

[113] Cropanzano, R., Prehar, C. A., & Chen, P. Y. Using Social Exchange Theory to Distinguish Procedural from Interactional Justice [J]. *Group & Organization Management*, 2002, 27 (3): 324 -351.

[114] Cropanzano, R., Rupp, D. E., & Gilliland, S. Social Exchange Theory and Organizational Justice: Job Performance, Citizenship Behaviors, Multiple Foci, and a Historical Integration of two Literatures Research in Social Issues in Management: Justice, Morality, and Social Responsibility Greenwich CT: Information Age Publishing, 2008: 63 -99.

[115] Cropanzano, R., Rupp, D. E., Mohler, C. J., & Schminke, M. Three Roads to Organizational Justice [J]. *Research in Personnel and Human Resources Management*, 2001b, 20: 1 -113.

[116] Cuevas, J. M., Julkunen, S., & Gabrielsson, M. Power Symmetry and the Development of Trust in Interdependent Relationships: The Mediating Role of Goal Congruence [J]. *Industrial Marketing Management*, 2015, 48: 149 -159.

[117] David, R. J., & Han, S. K. A Systematic Assessment of the Empirical Support for Transaction Cost Economics [J]. *Strategic Management Journal*, 2004, 25 (1): 39 -58.

[118] De Cremer, D., Brockner, J., Fishman, A., van Dijke, M., van Olffen, W., & Mayer, D. M. When do Procedural Fairness and Outcome Fairness Interact to Influence Employees' Work Attitudes and Behaviors? The Moderating Effect of Uncertainty [J]. *Journal of Applied Psychology*, 2010, 95 (2): 291 -304.

[119] De Cremer, D., & Daan van, K. How do Leaders Promote Cooperation? The Effects of Charisma and Procedural Fairness [J]. *Journal of Applied Psychology*, 2002, 87 (5): 858 -866.

[120] De Cremer, D., & Tyler, T. R. The Effects of Trust in Authority and Procedural Fairness on Cooperation [J]. *Journal of Applied Psychology*, 2007, 92

(3), 639 – 649.

[121] De Jong, G., & Woolthuis, R. K. The Institutional Arrangements of Innovation: Antecedents and Performance Effects of Trust in High-tech Alliances [J]. *Industry and Innovation*, 2008, 15 (1): 45 – 67.

[122] De Reuver, M., & Bouwman, H. Governance Mechanisms for Mobile Service Innovation in Value Networks [J]. *Journal of Business Research*, 2012, 65 (3): 347 – 354.

[123] De Coninck, J. B. The Effect of Organizational Justice, Perceived Organizational Support, and Perceived Supervisor Support on Marketing Employees' Level of Trust [J]. *Journal of Business Research*, 2010, 63 (12): 1349 – 1355.

[124] Del Río-Lanza, A. B., Vázquez-Casielles, R., & Díaz-Martín, A. M. Satisfaction with Service Recovery: Perceived Justice and Emotional Responses [J]. *Journal of Business Research*, 2009, 62 (8): 775 – 781.

[125] Delios, A., & Henisz, W. J. Political Hazards, Experience, and Sequential Entry Strategies: The International Expansion of Japanese Firms, 1980 – 1998 [J]. *Strategic Management Journal*, 2003, 24 (11): 1153 – 1164.

[126] DeRue, D. S., Conlon, D. E., Moon, H., & Willaby, H. W. When is Straightforwardness a Liability in Negotiations? The Role of Integrative Potential and Structural Power [J]. *Journal of Applied Psychology*, 2009, 94 (4): 1032 – 1047.

[127] Deutsch, M. Equity, Equality, and Need: What Determines which Value Will be Used as the Basis of Distributive Justice? [J]. *Journal of Social Issues*, 1975, 31 (3): 137 – 149.

[128] Doherty, A. M., & Alexander, N. Power and Control in International Retail Franchising [J]. *European Journal of Marketing*, 2006, 40 (11/12): 1292 – 1316.

[129] Drazin, R., & Van de Ven, A. H. Alternative Forms of Fit in Contingency Theory [J]. *Administrative Science Quarterly*, 1985, 30 (4): 514 – 539.

[130] Duarte, M., & Davies, G. Trust as a Mediator of Channel Power [J]. *Journal of Marketing Channels*, 2004, 11 (2 – 3): 77 – 102.

[131] Eisenberger, R., Lynch, P., Aselage, J., & Rohdieck, S. Who Takes

the Most Revenge? Individual Differences in Negative Reciprocity Norm Endorsement [J]. *Personality and Social Psychology Bulletin*, 2004, 30 (6): 787 - 799.

[132] Eisenhardt, K. M. Building Theories from Case Study Research [J]. *Academy of Management review*, 1989, 14 (4): 532 - 550.

[133] El-Ansary, A. I., & Stern, L. W. Power Measurement in the Distribution Channel [J]. *Journal of Marketing Research*, 1972: 47 - 52.

[134] Ellis, K. M., Reus, T. H., & Lamont, B. T. The Effects of Procedural and Informational Justice in the Integration of Related Acquisitions [J]. *Strategic Management Journal*, 2009, 30 (2): 137 - 161.

[135] Emerson, R. M. Power-dependence Relations [J]. *American Sociological Review*, 1962, 27 (1): 31 - 41.

[136] Emerson, R. M. Social Exchange Theory [J]. *Annual Review of Sociology*, 1976, 2: 335 - 362.

[137] Etgar, M. Selection of an Effective Channel Control Mix [J]. *Journal of Marketing*, 1978, 42 (3): 53 - 58.

[138] Fassina, N. E., Jones, D. A., & Uggerslev, K. L. Relationship Clean-up Time: Using Meta-analysis and Path Analysis to Clarify Relationships Among Job Satisfaction, Perceived Fairness, and Citizenship Behaviors [J]. *Journal of Management*, 2008, 34 (2): 161 - 188.

[139] Ferguson, R. J., Paulin, M., & Bergeron, J. Contractual Governance, Relational Governance, and the Performance of Interfirm Service Exchanges: The Influence of Boundary-spanner Closeness [J]. *Journal of the Academy of Marketing Science*, 2005, 33 (2): 217 - 234.

[140] Flynn, B. B., Huo, B., & Zhao, X. The Impact of Supply Chain Integration on Performance: A Contingency and Configuration Approach [J]. *Journal of Operations Management*, 2010, 28 (1): 58 - 71.

[141] Flynn, B. B., Sakakibara, S., Schroeder, R. G., Bates, K. A., & Flynn, E. J. Empirical Research Methods in Operations Management [J]. *Journal of Operations Management*, 1990, 9 (2): 250 - 284.

[142] Foa, E. B., & Foa, U. G. Resource Theory Social Exchange: Advances

in Theory and Research New York [J]. *Springer*, 1980: 77 -94.

[143] Foa, U. G. , & Foa, E. B. Societal Structures of the Mind [J]. *Springfield*, IL: Charles C Thomas, 1974.

[144] Folger, R. Fairness as a Moral Virtue Managerial Ethics: Moral Management of People and Processes Mahwah [J]. NJ: Erlbaum, 1998: 13 -34.

[145] Folger, R. , Cropanzano, R. , & Goldman, B. What is the Relationship between Justice and Morality Handbook of Organizational Justice Mahwah [J], NJ: Lawrence Erlbaum, 2005: 215 -245.

[146] Folger, R. , Gilliland, S. , Steiner, D. , & Skarlicki, D. Fairness as Deonance Theoretical and Cultural Perspectives on Organizational Justice New York: Information Age, 2001: 3 -33.

[147] Folger, R. , Skarlicki, D. P. , & Gilliland, S. The Evolutionary Bases of Deontic Justice Justice, Morality, and Social Responsibility Greenwich, CT: Information Age, 2008: 29 -62.

[148] Frazier, G. L. , & Rody, R. C. The Use of Influence Strategies in Interfirm Relationships in Industrial Product Channels [J]. *The Journal of Marketing*, 1991, 55 (1): 52 -69.

[149] Frazier, G. L. , & Summers, J. O. Perceptions of Interfirm Power and its Use Within a Franchise Channel of Distribution [J]. *Journal of Marketing Research*, 1986, 23 (2): 169 -176.

[150] French, J. R. , & Raven, B. *The Bases of Social Power* [M]. Ann Arbor: University of Michigan Press, 1959.

[151] Fuller, J. B. , Jr. , & Hester, K. A Closer Look at the Relationship between Justice Perceptions and Union Participation [J]. *Journal of Applied Psychology*, 2001, 86 (6): 1096 -1105.

[152] Glaser, B. G. , & Strauss, A. L. The Discovery of Grounded Theory: Strategies for Qualitative Research: Transaction publishers, 2009.

[153] Goo, J. , Kishore, R. , Rao, H. R. , & Nam, K. The Role of Service Level Agreements in Relational Management of Information Technology Outsourcing: An Empirical Study [J]. *Mis Quarterly*, 2009, 33 (1): 119 -145.

[154] Granovetter, M. Economic Action and Social Structure: The Problem of Embeddedness [J]. *American Journal of Sociology*, 1985, 91 (3): 481 -510.

[155] Greenberg, J. A Taxonomy of Organizational Justice Theories [J]. *Academy of Management. The Academy of Management Review*, 1987, 12 (1): 9 -22.

[156] Greenberg, J. Organizational Justice: Yesterday, Today, and Tomorrow [J]. *Journal of Management*, 1990, 16 (2): 399 -432.

[157] Griffith, D. A., Harvey, M. G., & Lusch, R. F. Social Exchange in Supply Chain Relationships: The Resulting Benefits of Procedural and Distributive Justice [J]. *Journal of Operations Management*, 2006, 24 (2): 85 -98.

[158] Grover, V., & Malhotra, M. K. Transaction Cost Framework in Operations and Supply Chain Management Research: Theory and Measurement [J]. *Journal of Operations Management*, 2003, 21 (4): 457 -473.

[159] Gu, F. F., & Wang, D. T. The Role of Program Fairness in Asymmetrical Channel Relationships [J]. *Industrial Marketing Management*, 2011, 40 (8): 1368 -1376.

[160] Hair, J., Anderson, R., Tatham, R., & Black, W. Multivariate Data Analysis with Readings [J]. *Englewood Cliffs*, NJ: Prentice Hall, 1998.

[161] Hair, J. F., Anderson, R. E., Babin, B. J., & Black, W. C. Multivariate Data Analysis: A Global Perspective (Vol. 7): *Pearson Upper Saddle River*, NJ, 2010.

[162] Handfield, R. B., & Bechtel, C. The Role of Trust and Relationship Structure in Improving Supply Chain Responsiveness [J]. *Industrial Marketing Management*, 2002, 31 (4): 367 -382.

[163] Handley, S. M., & Benton, W. C., Jr. The Influence of Exchange Hazards and Power on Opportunism in Outsourcing Relationships [J]. *Journal of Operations Management*, 2012a, 30 (1 -2): 55 -68.

[164] Handley, S. M., & Benton, W. C., Jr. Mediated Power and Outsourcing Relationships [J]. *Journal of Operations Management*, 2012b, 30 (3): 253 -267.

[165] Hartmann, E., & Herb, S. Opportunism Risk in Service Triads-A Social

Capital Perspective [J]. *International Journal of Physical Distribution & Logistics Management*, 2014, 44 (3): 242-256.

[166] He, Q., Ghobadian, A., & Gallear, D. Knowledge Acquisition in Supply Chain Partnerships: The Role of Power [J]. *International Journal of Production Economics*, 2013, 141 (2): 605-618.

[167] Heide, J. B., & John, G. Do Norms Matter in Marketing Relationships? [J]. *Journal of Marketing*, 1992, 56 (2): 32-44.

[168] Heide, J. B., & Miner, A. S. The Shadow of the Future: Effects of Anticipated Interaction and Frequency of Contact on Buyer-seller Cooperation [J]. *Academy of Management Journal*, 1992, 35 (2): 265-291.

[169] Heide, J. B., Wathne, K. H., & Rokkan, A. I. Interfirm Monitoring, Social Contracts, and Relationship Outcomes [J]. *Journal of Marketing Research*, 2007, 44 (3): 425-433.

[170] Hingley, M. K. Power to All Our Friends? Living with Imbalance in Supplier-retailer Relationships [J]. *Industrial Marketing Management*, 2005, 34 (8): 848-858.

[171] Hoejmose, S. U., Grosvold, J., & Millington, A. Socially Responsible Supply Chains: Power Asymmetries and Joint Dependence [J]. *Supply Chain Management*, 2013, 18 (3): 277-291.

[172] Hoetker, G., & Mellewigt, T. Choice and Performance of Governance Mechanisms: Matching Alliance Governance to Asset Type [J]. *Strategic Management Journal*, 2009, 30 (10): 1025-1044.

[173] Hofer, A. R., Knemeyer, A. M., & Murphy, P. R. The Roles of Procedural and Distributive Justice in Logistics Outsourcing Relationships [J]. *Journal of Business Logistics*, 2012, 33 (3): 196-209.

[174] Hu, L., &Bentler, P. M. Cutoff Criteria for Fit Indexes in Covariance Structure Analysis: Conventional Criteria Versus New Alternatives [J]. *Structural Equation Modeling: A Multidisciplinary Journal*, 1999, 6 (1): 1-55.

[175] Hu, T.-L., & Sheu, J.-B. Relationships of Channel Power, Noncoercive Influence Strategies, Climate, and Solidarity: A Real Case Study of the Taiwanese

PDA Industry [J]. *Industrial Marketing Management*, 2005, 34 (5): 462 -461.

[176] Huang, M. -C., Cheng, H. -L., & Tseng, C. -Y. Reexamining the Direct and Interactive Effects of Governance Mechanisms Upon Buyer-supplier Cooperative Performance [J]. *Industrial Marketing Management*, 2014, 43 (4): 704 -716.

[177] Huber, T. L., Fischer, T. A., Dibbern, J., & Hirschheim, R. A Process Model of Complementarity and Substitution of Contractual and Relational Governance in is Outsourcing [J]. *Journal of Management Information Systems*, 2013, 30 (3): 81 -114.

[178] Hunt, S. D., & Nevin, J. R. Power in a Channel of Distribution: Sources and Consequences [J]. *Journal of Marketing Research*, 1974, 11 (2): 186 -193.

[179] Huo, B., Wang, Q., Zhao, X., & Schuh, S. Threats and Benefits of Power Discrepancies between Organisations: A Supply Chain Perspective [J]. *International Journal of Production Research*, 2016, 54 (13): 3870 -3884.

[180] Hwang, K. -K. Face and favor: The Chinese Power Game [J]. *American Journal of Sociology*, 1987, 92 (4): 944 -974.

[181] Ibarra, H. Network Centrality, Power, and Innovation Involvement: Determinants of Technical and Administrative Roles [J]. *Academy of Management Journal*, 1993, 36 (3): 471 -501.

[182] Ireland, R. D., & Webb, J. W. A Multi-theoretic Perspective on Trust and Power in Strategic Supply Chains [J]. *Journal of Operations Management*, 2007, 25 (2): 482 -497.

[183] Jain, M., Khalil, S., Johnston, W. J., & Cheng, J. M. -S. The Performance Implications of Power-trust Relationship: The Moderating Role of Commitment in the Supplier-retailer Relationship [J]. *Industrial Marketing Management*, 2014, 43 (2): 312 -321.

[184] Jap, S. D., & Anderson, E. Safeguarding Interorganizational Performance and Continuity Under ex Post Opportunism [J]. *Management Science*, 2003, 49 (12): 1684 -1701.

[185] John, G. An Empirical Investigation of Some Antecedents of Opportunism

in a Marketing Channel [J]. *Journal of Marketing Research*, 1984, 21 (3): 278 - 289.

[186] John, G., & Weitz, B. A. Forward Integration into Distribution: An Empirical Test of Transaction Cost Analysis [J]. *Journal of Law, Economics, & Organization*, 1988, 4 (2): 337 - 355.

[187] Johnson, J. L., Sakano, T., Cote, J. A., & Onzo, N. The Exercise of Interfirm Power and its Repercussions in US-Japanese Channel Relationships [J]. *The Journal of Marketing*, 1993, 57 (2): 1 - 10.

[188] Johnson, J. P., Korsgaard, M. A., & Sapienza, H. J. Perceived Fairness, Decision Control, and Commitment in International Joint Venture Management Teams [J]. *Strategic Management Journal*, 2002, 23 (12): 1141 - 1160.

[189] Johnson, R. E., Lanaj, K., & Barnes, C. M. The Good and Bad of Being Fair: Effects of Procedural and Interpersonal Justice Behaviors on Regulatory Resources [J]. *Journal of Applied Psychology*, 2014, 99 (4): 635 - 650.

[190] Jones, C., Hesterly, W. S., & Borgatti, S. P. A General Theory of Network Governance: Exchange Conditions and Social Mechanisms [J]. *Academy of Management Review*, 1997, 22 (4): 911 - 945.

[191] Joskow, P. L. Vertical Integration and Long-term Contracts: The Case of Coal-burning Electric Generating Plants [J]. *Journal of Law, Economics*, & Organization, 1985, 1 (1): 33 - 80.

[192] Judge, T. A., &Colquitt, J. A. Organizational Justice and Stress: The Mediating Role of Work-family Conflict [J]. *Journal of Applied Psychology*, 2004, 89 (3): 395 - 404.

[193] Kaehkonen, A. -K. The Influence of Power Position on the Depth of Collaboration [J]. *Supply Chain Management*, 2014, 19 (1): 17 - 30.

[194] Karriker, J. H., & Williams, M. L. Organizational Justice and Organizational Citizenship Behavior: A Mediated Multifoci Model [J]. *Journal of Management*, 2009, 35 (1): 112 - 135.

[195] Katsikeas, C. S., Skarmeas, D., & Bello, D. C. Developing Successful Trust-based International Exchange Relationships [J]. *Journal of International*

Business Studies, 2009, 40 (1): 132 -155.

[196] Kaynak, R. , Sert, T. , Sert, G. , & Akyuz, B. Supply Chain Unethical Behaviors and Continuity of Relationship: Using the PLS Approach for Testing Moderation Effects of Inter-organizational Justice [J]. *International Journal of Production Economics*, 2015, 162: 83 -91.

[197] Ke, W. , Liu, H. , Wei, K. K. , Gu, J. , & Chen, H. How do Mediated and Non-mediated Power Affect Electronic Supply Chain Management System Adoption? The Mediating Effects of Trust and Institutional Pressures [J]. *Decision Support Systems*, 2009, 46 (4): 839 -851.

[198] Ketchen Jr, D. J. , & Shook, C. L. The Application of Cluster Analysis in Strategic Management Research: An Analysis and Critique [J]. *Strategic Management Journal*, 1996, 17 (6): 441 -458.

[199] Kim, K. On Interfirm Power, Channel Climate, and Solidarity in Industrial Distributor-supplier Dyads [J]. *Journal of the Academy of Marketing Science*, 2000, 28 (3): 388 -405.

[200] Kim, W. C. , &Mauborgne, R. Procedural Justice, Strategic Decision Making, and the Knowledge Economy [J]. *Strategic Management Journal*, 1998, 19 (4): 323 -338.

[201] Kim, W. C. , &Mauborgne, R. A. Procedural Justice, Attitudes, and Subsidiary Top Management Compliance with Multinationals' Corporate Strategic Decisions [J]. *Academy of Management Journal*, 1993, 36 (3): 502 -526.

[202] Kumar, N. The Power of Trust in Manufacturer-retailer Relationships [J]. *Harvard Business Review*, 1996, 74 (6): 92 -106.

[203] Kumar, N. The Power of Power in Supplier-retailer Relationships [J]. *Industrial Marketing Management*, 2005, 34 (8): 863 -866.

[204] Kumar, N. , Scheer, L. K. , & Steenkamp, J. -B. E. M. The Effects of Supplier Fairness on Vulnerable Resellers [J]. *Journal of Marketing Research*, 1995, 32 (1): 54 -65.

[205] Lang, J. , Bliese, P. D. , Lang, J. W. B. , & Adler, A. B. Work Gets Unfair for the Depressed: Cross-lagged Relations between Organizational Justice

Perceptions and Depressive Symptoms [J]. *Journal of Applied Psychology*, 2011, 96 (3): 602 -618.

[206] Lawrence, P. R., & Lorsch, J. W. *Organization and Environment: Managing Integration and Differentiation* [M]. Boston, MA: Harvard Business School Press, 1967.

[207] Lee, D.-J. Developing International Strategic Alliances between Exporters and Importers: The Case of Australian Exporters [J]. *International Journal of Research in Marketing*, 1998, 15 (4): 335 -348.

[208] Lee, D. Y. Power, conflict, and Satisfaction in IJV Supplier-chinese Distributor Channels [J]. *Journal of Business Research*, 2001, 52 (2): 149 -160.

[209] Lee, Y., & Cavusgil, S. T. Enhancing Alliance Performance: The Effects of Contractual-based Versus Relational-based Governance [J]. *Journal of Business Research*, 2006, 59 (8): 896 -905.

[210] Leonidou, L. C., Talias, M. A., & Leonidou, C. N. Exercised Power as a Driver of Trust and Commitment in Cross-border Industrial Buyer-seller Relationships [J]. *Industrial Marketing Management*, 2008, 37 (1): 92 -103.

[211] Leventhal, G. S. *Fairness in Social Relationships* [M]. Morristown, NJ: General Learning Press, 1976.

[212] Leventhal, G. S. What Should be Done with Equity Theory? New Approaches to the Study of Fairness in Social Relationships Social Exchange: Advances in theory and research New York: Springer, 1980: 27 -55.

[213] Leventhal, G. S., Karuza, J., & Fry, W. R. Beyond Fairness: A Theory of Allocation Preferences [J]. *Justice and Social Interaction*, 1980, 3 (1): 167 -218.

[214] Li, A., & Cropanzano, R. Do East Asians Respond More/less Strongly to Organizational Justice than North Americans? A Meta-analysis [J]. *The Journal of Management Studies*, 2009, 46 (5): 787 -805.

[215] Li, H., Bingham, J. B., & Umphress, E. E. Fairness From the Top: Perceived Procedural Justice and Collaborative Problem Solving in New Product Development [J]. *Organization Science*, 2007, 18 (2): 200 -216, 333 -334.

[216] Li, J. J., Poppo, L., & Zhou, K. Z. Do Managerial Ties in China Always Produce Value? Competition, Uncertainty, and Domestic vs. Foreign Firms [J]. *Strategic Management Journal*, 2008, 29 (4): 383 -400.

[217] Liao, H. Do it Right this Time: The Role of Employee Service Recovery Performance in Customer-perceived Justice and Customer Loyalty after Service Failures [J]. *Journal of Applied Psychology*, 2007, 92 (2): 475 -489.

[218] Liao, H., &Rupp, D. E. The Impact of Justice Climate and Justice Orientation on Work Outcomes: A Cross-level Multifoci Framework [J]. *Journal of Applied Psychology*, 2005, 90 (2): 242 -256.

[219] Lind, E. A. *Fairness Heuristic Theory: Justice Judgments as Pivotal Cognitions in Organizational Relations Advances in Organizational Justice Stanford*, CA: Stanford University Press, 2001, 56 -88.

[220] Lind, E. A., Kulik, C. T., Ambrose, M., & De Vera Park, M. V. Individual and Corporate Dispute Resolution: Using Procedural Fairness as a Decision Heuristic [J]. *Administrative Science Quarterly*, 1993, 38 (2): 224 -251.

[221] Lind, E. A., & Tyler, T. R. *The Social Psychology of Procedural Justice* [M]. New York, NY: Plenum Press, 1988.

[222] Lind, E. A., & Van den Bos, K. When Fairness Works: Toward a General Theory of Uncertainty Management [J]. *Research in Organizational Behavior*, 2002, 24: 181 -223.

[223] Liu, H., Ke, W., Wei, K. K., & Hua, Z. Influence of Power and Trust on the Intention to Adopt Electronic Supply Chain Management in China [J]. *International Journal of Production Research*, 2015, 53 (1): 70 -87.

[224] Liu, Y., Huang, Y., Luo, Y., & Zhao, Y. How Does Justice Matter in Achieving Buyer-supplier Relationship Performance? [J] *Journal of Operations Management*, 2012, 30 (5): 355 -367.

[225] Liu, Y., Li, Y., & Zhang, L. Control Mechanisms Across a Buyer-supplier Relationship Quality Matrix [J]. *Journal of Business Research*, 2010b, 63 (1): 3 -12.

[226] Liu, Y., Liu, T., & Li, Y. How to Inhibit a Partner's Strong and Weak

Forms of Opportunism: Impacts of Network Embeddedness and Bilateral Tsis [J]. *Industrial Marketing Management*, 2014, 43 (2): 280 -292.

[227] Liu, Y., Luo, Y., & Liu, T. Governing Buyer-supplier Relationships Through Transactional and Relational Mechanisms: Evidence from China [J]. *Journal of Operations Management*, 2009, 27 (4): 294 -309.

[228] Loi, R., Yang, J., & Diefendorff, J. M. Four-factor Justice and Daily Job Satisfaction: A Multilevel Investigation [J]. *Journal of Applied Psychology*, 2009, 94 (3): 770 -781.

[229] Lui, S. S., & Ngo, H. -y. The Role of Trust and Contractual Safeguards on Cooperation in Non-equity Alliances [J]. *Journal of Management*, 2004, 30 (4): 471 -485.

[230] Luo, Y. HowImportant are Shared Perceptions of Procedural Justice in Cooperative Alliances? [J] *Academy of Management Journal*, 2005, 48 (4): 695 -709.

[231] Luo, Y. Are Joint Venture Partners More Opportunistic in a More Volatile Environment? [J]. *Strategic Management Journal*, 2007a, 28 (1): 39 -60.

[232] Luo, Y. The Independent and Interactive Roles of Procedural, Distributive, and Interactional Justice in Strategic Alliances [J]. *Academy of Management Journal*, 2007b, 50 (3): 644 -664.

[233] Luo, Y. An Integrated Anti-opportunism System in International Exchange [J]. *Journal of International Business Studies*, 2007c, 38 (6): 855 -877.

[234] Luo, Y. Procedural Fairness and Interfirm Cooperation in Strategic Alliances [J]. *Strategic Management Journal*, 2008, 29 (1): 27 -46.

[235] Luo, Y., Liu, Y., Yang, Q., Maksimov, V., & Hou, J. Improving Performance and Reducing Cost in Buyer-supplier Relationships: The Role of Justice in Curtailing Opportunism [J]. *Journal of Business Research*, 2015, 68 (3): 607 -615.

[236] Luo, Y., Liu, Y., Zhang, L., & Huang, Y. A Taxonomy of Control Mechanisms and Effects on Channel Cooperation in China [J]. *Academy of Marketing Science*. Journal, 2011, 39 (2): 307 -326.

[237] Lusch, R. F. , & Brown, J. R. Interdependency, Contracting, and Relational Behavior in Marketing Channels [J]. *Journal of Marketing*, 1996, 60 (4): 19 -38.

[238] Malhotra, D. , & Lumineau, F. Trust and Collaboration in the Aftermath of Conflict: The Effects of Contract Structure [J]. *Academy of Management Journal*, 2011, 54 (5): 981 -998.

[239] Maloni, M. , & Benton, W. C. Power Influences in the Supply chain [J]. *Journal of Business Logistics*, 2000, 21 (1): 49 -74.

[240] Marius van, D. , De Cremer, D. , Brebels, L. , & Niels Van, Q. Willing and Able: Action-state Orientation and the Relation between Procedural Justice and Employee Cooperation [J]. *Journal of Management*, 2015, 41 (7): 1982 -2003.

[241] Masterson, S. S. , Lewis, K. , Goldman, B. M. , & Taylor, M. S. Integrating Justice and Social Exchange: The Differing Effects of Fair Procedures and Treatment on Work Relationships [J]. *Academy of Management Journal*, 2000, 43 (4): 738 -748.

[242] Maxham, J. G. , III, & Netemeyer, R. G. Modeling Customer Perceptions of Complaint Handling Over Time: The Effects of Perceived Justice on Satisfaction and Intent [J]. *Journal of Retailing*, 2002, 78 (4): 239 -252.

[243] Maxham, J. G. , III, & Netemyer, R. G. Firms Reap what They Sow: The Effects of Shared Values and Perceived Organizational Justice on Customers' Evaluations of Complaint Handling [J]. *Journal of Marketing*, 2003, 67 (1): 46 -62.

[244] McFarlin, D. B. , & Sweeney, P. D. Distributive and Procedural Justice as Predictors of Satisfaction with Personal and Organizational Outcomes [J]. *Academy of Management Journal*, 1992, 35 (3): 626 -637.

[245] Mechanic, D. Sources of Power of Lower Participants in Complex Organizations [J]. *Administrative Science Quarterly*, 1962, 7 (3): 349 -364.

[246] Meehan, J. , & Wright, G. H. Power Priorities in Buyer-seller Relationships: A Comparative Analysis [J]. *Industrial Marketing Management*, 2013, 42 (8): 1245 -1254.

[247] Mesquita, L. F. , & Brush, T. H. Untangling Safeguard and Production

Coordination Effects in Long-term Buyer-supplier Relationships [J]. *Academy of Management Journal*, 2008, 51 (4): 785 – 807.

[248] Meyer, A. D., Tsui, A. S., & Hinings, C. R. Configurational Approaches to Organizational Analysis [J]. *Academy of Management Journal*, 1993, 36 (6): 1175 – 1195.

[249] Miller, D. Configurations of Strategy and Structure: Towards a Synthesis [J]. *Strategic Management Journal*, 1986, 7 (3): 233 – 249.

[250] Mintzberg, H. *Power in and Around Organizations* (Vol. 142). Englewood Cliffs, NJ: Prentice-Hall, 1983.

[251] Mohr, J., & Nevin, J. R. Communication Strategies in Marketing Channels: A Theoretical Perspective [J]. *Journal of Marketing*, 1990, 54 (4): 36 – 51.

[252] Molm, L. D. Structure, Action, and Outcomes: The Dynamics of Power in Social Exchange [J]. *American Sociological Review*, 1990, 55 (3): 427 – 447.

[253] Molm, L. D. Risk and Power Use: Constraints on the Use of Coercion in Exchange [J]. *American Sociological Review*, 1997, 62 (1): 113 – 133.

[254] Moorman, R. H., Blakely, G. L., & Niehoff, B. P. Does Perceived Organizational Support Mediate the Relationship between Procedural Justice and Organizational Citizenship Behavior? [J]. *Academy of Management Journal*, 1998, 41 (3): 351 – 357.

[255] Morgan, N. A., Kaleka, A., & Gooner, R. A. Focal Supplier Opportunism in Supermarket Retailer Category Management [J]. *Journal of Operations Management*, 2007, 25 (2): 512 – 527.

[256] Muthusamy, S. K., & White, M. A. Does Power Sharing Matter? The Role of Power and Influence in Alliance Performance [J]. *Journal of Business Research*, 2006, 59 (7): 811 – 819.

[257] Narasimhan, R., & Jayaram, J. Causal Linkages in Supply Chain Management: An Exploratory Study of North American Manufacturing Firms [J]. *Decision Sciences*, 1998, 29 (3): 579 – 605.

[258] Narasimhan, R., Narayanan, S., & Srinivasan, R. An Investigation of Justice in Supply Chain Relationships and Their Performance Impact [J]. *Journal of*

Operations Management, 2013, 31 (5): 236 -247.

[259] Noordewier, T. G., John, G., & Nevin, J. R. Performance Outcomes of Purchasing Arrangements in Industrial Buyer-vendor Relationships [J]. *The Journal of Marketing*, 1990, 54 (4): 80 -93.

[260] Nooteboom, B. Trust, Opportunism and Governance: A Process and Control Model [J]. *Organization Studies*, 1996, 17 (6): 985 -1010.

[261] Nunlee, M. P. The Control of Intra-channel Opportunism Through the Use of Inter-channel Communication [J]. *Industrial Marketing Management*, 2005, 34 (5): 515 -525.

[262] Nyaga, G. N., Lynch, D. F., Marshall, D., & Ambrose, E. Power Asymmetry, Adaptation and Collaboration in Dyadic Relationships Involving a Powerful Partner [J]. *Journal of Supply Chain Management*, 2013, 49 (3): 42 -65.

[263] O'Leary-Kelly, S. W., &Vokurka, R. J. The Empirical Assessment of Construct Validity [J]. *Journal of Operations Management*, 1998, 16 (4): 387 -405.

[264] Oke, A., Idiagbon-Oke, M., & Walumbwa, F. The Relationship between Brokers' Influence, Strength of Ties and Npd Project Outcomes in Innovation-driven Horizontal Networks [J]. *Journal of Operations Management*, 2008, 26 (5): 571 -589.

[265] Organ, D. W. The Motivational Basis of Organizational Citizenship Behavior [J]. *Research in Organizational Behavior*, 1990, 12 (1): 43 -72.

[266] Ouchi, W. G. Markets, Bureaucracies, and Clans [J]. *Administrative Science Quarterly*, 1980, 25 (1): 129 -141.

[267] Oxley, J. E. Appropriability Hazards and Governance in Strategic Alliances: A Transaction Cost Approach [J]. *Journal of law, Economics, and Organization*, 1997, 13 (2): 387 -409.

[268] Patton, M. Q. How to Use Qualitative Methods in Evaluation: Sage, 1987.

[269] Peng, M. W., & Luo, Y. Managerial Ties and Firm Performance in a Transition Economy: The Nature of a Micro-macro Link [J]. *Academy of Management*

Journal, 2000, 43 (3): 486 – 501.

[270] Peng, M. W., Wang, D. Y., & Jiang, Y. An Institution-based View of International Business Strategy: A Focus on Emerging Economies [J]. *Journal of International Business Studies*, 2008, 39 (5): 920 – 936.

[271] Pfeffer, J. A Resource Dependence Perspective on Intercorporate Relations: Graduate School of Business, Stanford University, 1985.

[272] Pfeffer, J., & Pfeffer, J. *Power in Organizations* [M]. Marshfield, MA: Pitman Marshfield, MA, 1981.

[273] Pfeffer, J., & Salancik, G. R. *The External Control of Organizations: A Resource Dependence Perspective* [M]. Stanford: Stanford University Press, 1978.

[274] Pfeffer, J., & Salancik, G. R. The External Control of Organizations: A Resource Dependence Perspective: Stanford Business Books, 2003.

[275] Pillai, R., Schriesheim, C. A., & Williams, E. S. Fairness Perceptions and Trust as Mediators for Transformational and Transactional Leadership: A Two-sample Study [J]. *Journal of Management*, 1999, 25 (6): 897 – 933.

[276] Podsakoff, P. M., MacKenzie, S. B., Lee, J.-Y., & Podsakoff, N. P. Common Method Biases in Behavioral Research: A Critical Review of the Literature and Recommended Remedies [J]. *Journal of Applied Psychology*, 2003, 88 (5): 879 – 903.

[277] Podsakoff, P. M., & Organ, D. W. Self-reports in Organizational Research: Problems and Prospects [J]. *Journal of Management*, 1986, 12 (4): 531 – 544.

[278] Poppo, L., & Zenger, T. Do Formal Contracts and Relational Governance Function as Substitutes or Complements? [J]. *Strategic Management Journal*, 2002, 23 (8): 707 – 725.

[279] Poppo, L., & Zhou, K. Z. Managing Contracts for Fairness in Buyer-supplier Exchanges [J]. *Strategic Management Journal*, 2014, 35 (10): 1508 – 1527.

[280] Pulles, N. J., Veldman, J., Schiele, H., & Sierksma, H. Pressure or Pamper? The Effects of Power and Trust Dimensions on Supplier Resource Allocation

[J]. *Journal of Supply Chain Management*, 2014, 50 (3): 16 - 36.

[281] Rai, A., Keil, M., Hornyak, R., & Wullenweber, K. Hybrid Relational-contractual Governance for Business Process Outsourcing [J]. *Journal of Management Information Systems*, 2012, 29 (2): 213 - 256.

[282] Ramaseshan, B., Yip, L. S. C., & Pae, J. H. Power, Satisfaction, and Relationship Commitment in Chinese Store-tenant Relationship and Their Impact on Performance [J]. *Journal of Retailing*, 2006, 82 (1): 63 - 70.

[283] Raven, B. H., & Kruglanski, A. W. Conflict and Power the Structure of Conflict New York: Academic Press, 1970, 69 - 109.

[284] Rawls, J. *A Theory of Justice* [M]. Cambridge, MA: Harvard University Press, 1971.

[285] Riel, V., Daan van, K., Barbara van, K., & Blaauw, E. Self-esteem and Outcome Fairness: Differential Importance of Procedural and Outcome Considerations [J]. *Journal of Applied Psychology*, 2001, 86 (4): 621 - 628.

[286] Rindfleisch, A., Antia, K., Bercovitz, J., Brown, J. R., Cannon, J., Carson, S. J., Wathne, K. H. Transaction Costs, Opportunism, and Governance: Contextual Considerations and Future Research Opportunities [J]. *Marketing Letters*, 2010, 21 (3): 211 - 222.

[287] Rupp, D. E., & Bell, C. M. Extending the Deontic Model of Justice: Moral Self-regulation in Third-party Responses to Injustice [J]. *Business Ethics Quarterly*, 2010, 20 (1): 89 - 106.

[288] Rupp, D. E., McCance, A. S., Spencer, S., & Sonntag, K. Customer (in) Justice and Emotional labor: The Role of Perspective Taking, Anger, and Emotional Regulation [J]. *Journal of Management*, 2008, 34 (5): 903 - 924.

[289] Ryu, S., & Eyuboglu, N. The Environment and its Impact on Satisfaction with Supplier Performance: An Investigation of the Mediating Effects of Control Mechanisms from the Perspective of the Manufacturer in the U. S. A [J]. *Industrial Marketing Management*, 2007, 36 (4): 458 - 469.

[290] Sahadev, S. Exploring the Role of Expert Power in Channel Management: An Empirical Study [J]. *Industrial Marketing Management*, 2005, 34 (5):

487 -494.

[291] Salancik, G. R. , & Pfeffer, J. Who Gets Power—and how they Hold on to it: A Strategic-contingency Model of Power [J]. *Organizational dynamics*, 1977, 5 (3): 3 -21.

[292] Scheer, L. K. , & Stern, L. W. The Effect of Influence Type and Performance Outcomes on Attitude Toward the Influencer [J]. *Journal of Marketing Research*, 1992, 29 (1): 128 -142.

[293] Schilke, O. , & Cook, K. S. Sources of Alliance Partner Trustworthiness: Integrating Calculative and Relational Perspectives [J]. *Strategic Management Journal*, 2015, 36 (2): 276 -297.

[294] Schilling, M. A. , & Steensma, H. K. Disentangling the Theories of Firm Boundaries: A Path Model and Empirical Test [J]. *Organization Science*, 2002, 13 (4): 387 -401.

[295] Schroth, H. A. , & Priti Pradham, S. Procedures: Do We Really Want to Know Them? An Examination of the Effects of Procedural Justice on Self-esteem [J]. *Journal of Applied Psychology*, 2000, 85 (3): 462 -471.

[296] Shao, R. , Rupp, D. E. , Skarlicki, D. P. , & Jones, K. S. Employee Justice Across Cultures: A Meta-analytic Review [J]. *Journal of Management*, 2013, 39 (1): 263 -301.

[297] Shapiro, D. L. , & Brett, J. M. Comparing Three Processes Underlying Judgments of Procedural Justice: A Field Study of Mediation and Arbitration [J]. *Journal of Personality and Social Psychology*, 1993, 65 (6): 1167 -1177.

[298] Sheng, S. , Zhou, K. Z. , & Li, J. J. The Effects of Business and Political Ties on Firm Performance: Evidence from China [J]. *Journal of Marketing*, 2011, 75 (1): 1 -15.

[299] Shipley, D. , & Egan, C. Power, Conflict and Co-operation in Brewer-tenant Distribution Channels [J]. *International Journal of Service Industry Management*, 1992, 3 (4): 44 -62.

[300] Shou, Y. , Feng, Y. , Zheng, J. , Wang, G. , & Yeboah, N. E. Power Source and its Effect on Customer-supplier Relationships: An Empirical Study in Yan-

gtze River Delta [J]. *International Journal of Production Economics*, 2013, 146 (1): 118 -128.

[301] Sinha, K. K., & Van de Ven, A. H. Designing Work Within and Between Organizations [J]. *Organization Science*, 2005, 16 (4): 389 -408.

[302] Skarlicki, D. P., Ellard, J. H., & Kelln, B. R. C. Third-party Perceptions of a Layoff: Procedural, Derogation, and Retributive Aspects of Justice [J]. *Journal of Applied Psychology*, 1998, 83 (1): 119 -127.

[303] Skarlicki, D. P., & Folger, R. Retaliation in the Workplace: The Roles of Distributive, Procedural, and Interactional Justice [J]. *Journal of Applied Psychology*, 1997, 82 (3): 434 -443.

[304] Skarlicki, D. P., & Rupp, D. E. Dual Processing and Organizational Justice: The Role of Rational Versus Experiential Processing in Third-party Reactions to Workplace Mistreatment [J]. *Journal of Applied Psychology*, 2010, 95 (5): 944 -952.

[305] Skarlicki, D. P., van Jaarsveld, D. D., Shao, R., Song, Y. H., & Wang, M. Extending the Multifoci Perspective: The Role of Supervisor Justice and Moral Identity in the Relationship between Customer Justice and Customer-directed Sabotage [J]. *Journal of Applied Psychology*, 2016, 101 (1): 108 -121.

[306] Skarmeas, D., Katsikeas, C. S., & Schlegelmilch, B. B. Drivers of Commitment and its Impact on Performance in Cross-cultural Buyer-seller Relationships: The Importer's Perspective [J]. *Journal of International Business Studies*, 2002, 33 (4): 757 -783.

[307] Sparks, B. A., & McColl-Kennedy, J. R. Justice Strategy Options for Increased Customer Satisfaction in a Services Recovery Setting [J]. *Journal of Business Research*, 2001, 54 (3): 209 -218.

[308] Spell, C. S., & Arnold, T. J. A Multi-level Analysis of Organizational Justice Climate, Structure, and Employee Mental Health [dagger] [J]. *Journal of Management*, 2007, 33 (5): 724 -751.

[309] Stoverink, A. C., Umphress, E. E., Gardner, R. G., & Miner, K. N. Misery Loves Company: Team Dissonance and the Influence of Supervisor-focused

Interpersonal Justice Climate on Team Cohesiveness [J]. *Journal of Applied Psychology*, 2014, 99 (6): 1059 – 1073.

[310] Sutcliffe, K. M., &Zaheer, A. Uncertainty in the Transaction Environment: An Empirical Test [J]. *Strategic Management Journal*, 1998, 19 (1): 1 – 23.

[311] Tangpong, C., Hung, K. -T., & Ro, Y. K. The Interaction Effect of Relational Norms and Agent Cooperativeness on Opportunism in Buyer-supplier Relationships [J]. *Journal of Operations Management*, 2010, 28 (5): 398 – 414.

[312] Tepper, B. J., & Taylor, E. C. Relationships Among Supervisors' and Subordinates' Procedural Justice Perceptions and Organizational Citizenship Behaviors [J]. *Academy of Management Journal*, 2003, 46 (1): 97 – 105.

[313] Terpend, R., & Ashenbaum, B. The Intersection of Power, Trust and Supplier Network Size: Implications for Supplier Performance [J]. *Journal of Supply Chain Management*, 2012, 48 (3): 52 – 77.

[314] Thau, S., Aquino, K., & Wittek, R. An Extension of Uncertainty Management Theory to the Self: The Relationship between Justice, Social Comparison Orientation, and Antisocial Work Behaviors [J]. *Journal of Applied Psychology*, 2007, 92 (1): 250 – 258.

[315] Thibaut, J. W., & Walker, L. Procedural Justice: A Psychological Analysis: L. Erlbaum Associates, 1975.

[316] Thornton, P. H., & Ocasio, W. Institutional Logics and the Historical Contingency of Power in Organizations: Executive Succession in the Higher Education Publishing Industry, 1958 – 1990 [J]. *American Journal of Sociology*, 1999, 105 (3): 801 – 843.

[317] Touboulic, A., Chicksand, D., & Walker, H. Managing Imbalanced Supply Chain Relationships for Sustainability: A Power Perspective [J]. *Decision Sciences*, 2014, 45 (4): 577 – 619.

[318] Tsang, E. W. K. Transaction Cost and Resource-based Explanations of Joint Ventures: A Comparison and Synthesis [J]. *Organization Studies*, 2000, 21 (1): 215 – 242.

[319] Tsui, A. S., Wang, H., & Xin, K. R. Organizational Culture in China: An Analysis of Culture Dimensions and Culture Types [J]. *Management and Organization Review*, 2006, 2 (3): 345 - 376.

[320] Tyler, T., Degoey, P., & Smith, H. Understanding why the Justice of Group Procedures Matters: A Test of the Psychological Dynamics of the Group-value Model [J]. *Journal of Personality and Social Psychology*, 1996, 70 (5): 913 - 930.

[321] Tyler, T. R. Psychological Models of the Justice Motive: Antecedents of Distributive and Procedural Justice [J]. *Journal of Personality and Social Psychology*, 1994, 67 (5): 850 - 863.

[322] Tyler, T. R., & Blader, S. L. The Group Engagement Model: Procedural Justice, Social Identity, and Cooperative Behavior [J]. *Personality and Social Psychology Review*, 2003, 7 (4): 349 - 361.

[323] Tyler, T. R., & Folger, R. Distributional and Procedural Aspects of Satisfaction with Citizen-police Encounters [J]. *Basic and Applied Social Psychology*, 1980, 1 (4): 281 - 292.

[324] Tyler, T. R., & Lind, E. A. A Relational Model of Authority in Groups [J]. *Advances in Experimental Social Psychology*, 1992, 25: 115 - 191.

[325] Uhl-Bien, M., & Maslyn, J. M. Reciprocity in Manager-subordinate Relationships: Components, Configurations, and Outcomes [J]. *Journal of Management*, 2003, 29 (4): 511 - 532.

[326] VanAvermaet, E., McCllntock, C., & Moskowitz, J. Alternative Approaches to Equity: Dissonance Reduction Pro-social Motivation and Strategic Accommodation [J]. *European Journal of Social Psychology*, 1978, 8 (4): 419 - 437.

[327] Van den Bos, K., &Miedema, J. Toward Understanding why Fairness Matters: The Influence of Mortality Salience on Reactions to Procedural Fairness [J]. *Journal of Personality and Social Psychology*, 2000, 79 (3): 355 - 366.

[328] Viswesvaran, C., & Ones, D. S. Examining the Construct of Organizational Justice: A Meta-analytic Evaluation of Relations with Work Attitudes and Behaviors [J]. *Journal of Business Ethics*, 2002, 38 (3): 193 - 203.

[329] Wang, H., Lu, C., & Siu, O. Job Insecurity and Job Performance: The Moderating Role of Organizational Justice and the Mediating Role of Work Engagement [J]. *Journal of Applied Psychology*, 2015a, 100 (4): 1249-1258.

[330] Wang, M., Zhang, Q., Wang, Y., & Sheng, S. Governing Local Supplier Opportunism in China: Moderating Role of Institutional Forces [J]. *Journal of Operations Management*, 2016, 46: 84-94.

[331] Wang, Q., Craighead, C. W., & Li, J. J. Justice Served: Mitigating Damaged Trust Stemming from Supply Chain Disruptions [J]. *Journal of Operations Management*, 2014, 32 (6): 374-386.

[332] Wang, Q., Li, J. J., Ross, W. T., & Craighead, C. W. The Interplay of Drivers and Deterrents of Opportunism in Buyer-supplier Relationships [J]. *Journal of the Academy of Marketing Science*, 2013, 41 (1): 111-131.

[333] Wang, Z., Huo, B., Tian, Y., & Hua, Z. Effects of External Uncertainties and Power on Opportunism in Supply Chains: Evidence from China [J]. *International Journal of Production Research*, 2015b, 53 (20): 6294-6307.

[334] Wathne, K. H., & Heide, J. B. Opportunism in Interfirm Relationships: Forms, Outcomes, and Solutions [J]. *Journal of Marketing*, 2000, 64 (4): 36-51.

[335] Weiss, H. M., Suckow, K., &Cropanzano, R. Effects of Justice Conditions on Discrete Emotions [J]. *Journal of Applied Psychology*, 1999, 84 (5): 786-794.

[336] White, A., Breazeale, M., & Collier, J. E. The Effects of Perceived Fairness on Customer Responses to Retailer SST Push Policies [J]. *Journal of Retailing*, 2012, 88 (2): 250-261.

[337] Whitman, D. S., Caleo, S., Carpenter, N. C., Horner, M. T., & Bernerth, J. B. Fairness at the Collective Level: A Meta-analytic Examination of the Consequences and Boundary Conditions of Organizational Justice Climate [J]. *Journal of Applied Psychology*, 2012, 97 (4): 776-791.

[338] Wilemon, D. L. Power and Negotiation Strategies in Marketing Channels [J]. *The Southern Journal of Business*, 1972, 7 (2): 71-82.

[339] Wilkinson, I. F. Researching Distribution Channels for Consumer and Industrial Goods-power Dimension [J]. *Journal of the Market Research Society*, 1974, 16 (1): 12 -32.

[340] Williamson, O. E. *Markets and Hierarchy*. Analysis and Antitrust Implications, New York/London, 1975.

[341] Williamson, O. E. Assessing Contract [J]. *Journal of Law, Economics, & Organization*, 1985, 1 (1): 177 -208.

[342] Williamson, O. E. Comparative Economic Organization: The Analysis of Discrete Structural Alternatives [J]. *Administrative Science Quarterly*, 1991, 36 (2): 269 -296.

[343] Wiltermuth, S. S., & Flynn, F. J. Power, Moral Clarity, and Punishment in the Workplace [J]. *Academy of Management Journal*, 2013, 56 (4): 1002 -1023.

[344] Wong, C. Y., Boon-itt, S., & Wong, C. W. The Contingency Effects of Environmental Uncertainty on the Relationship between Supply Chain Integration and Operational Performance [J]. *Journal of Operations Management*, 2011, 29 (6): 604 -615.

[345] Wu, F., Sinkovics, R. R., Cavusgil, S. T., & Roath, A. S. Overcoming Export Manufacturers' Dilemma in International Expansion [J]. *Journal of International Business Studies*, 2007, 38 (2): 283 -302.

[346] Wuyts, S., & Geyskens, I. The Formation of Buyer-supplier Relationships: Detailed Contract Drafting and Close Partner Selection [J]. *Journal of Marketing*, 2005, 69 (4): 103 -117.

[347] Yan, A., & Gray, B. Bargaining Power, Management Control, and Performance in United States-china Joint Ventures: A Comparative Case Study [J]. *Academy of Management Journal*, 1994, 37 (6): 1478 -1517.

[348] Yang, J., Mossholder, K. W., & Peng, T. K. Procedural Justice Climate and Group Power Distance: An Examination of Cross-level Interaction Effects [J]. *Journal of Applied Psychology*, 2007, 92 (3): 681 -692.

[349] Yang, Z., Su, C., & Fam, K. -S. Dealing with Institutional Distances

in International Marketing Channels: Governance Strategies that Engender Legitimacy and Efficiency [J]. *Journal of Marketing*, 2012, 76 (3): 41 –55.

[350] Yeung, J. H. Y., Selen, W., Zhang, M., & Huo, B. The Effects of Trust and Coercive Power on Supplier Integration [J]. *International Journal of Production Economics*, 2009, 120 (1): 66 –78.

[351] Yi, Y., & Gong, T. The effects of Customer Justice Perception and Affect on Customer Citizenship Behavior and Customer Dysfunctional Behavior [J]. *Industrial Marketing Management*, 2008, 37 (7): 767 –783.

[352] Yilmaz, C., Sezen, B., & Kabadayi, E. T. Supplier Fairness as a Mediating Factor in the Supplier Performance-reseller Satisfaction Relationship [J]. *Journal of Business Research*, 2004, 57 (8): 854 –863.

[353] Yin, R. K. *Case Study Research: Design and Methods* [M]. Sage Publications, 2013.

[354] Yukl, G., & Falbe, C. M. Importance of Different Power Sources in Downward and Lateral Relations [J]. *Journal of Applied Psychology*, 1991, 76 (3): 416 –423.

[355] Zaefarian, G., Najafi-Tavani, Z., Henneberg, S. C., & Naudé, P. Do Supplier Perceptions of Buyer Fairness Lead to Supplier Sales Growth? [J]. *Industrial Marketing Management*, 2016, 53: 160 –171.

[356] Zhao, L., Lu, Y., Zhang, L., & Chau, P. Y. K. Assessing the Effects of Service Quality and Justice on Customer Satisfaction and the Continuance Intention of Mobile Value-added Services: An Empirical Test of a Multidimensional Model [J]. *Decision Support Systems*, 2012, 52 (3): 645 –656.

[357] Zhao, X., Huo, B., Flynn, B. B., & Yeung, J. H. Y. The Impact of Power and Relationship Commitment on the Integration between Manufacturers and Customers in a Supply Chain [J]. *Journal of Operations Management*, 2008, 26 (3): 368 –388.

[358] Zhao, Y., & Wang, G. The Impact of Relation-specific Investment on Channel Relationship Performance: Evidence from China [J]. *Journal of Strategic Marketing*, 2011, 19 (1): 57 –71.

[359] Zhou, K. Z. , & Poppo, L. Exchange Hazards, Relational Reliability, and Contracts in China: The Contingent Role of Legal Enforceability [J]. *Journal of International Business Studies*, 2010, 41 (5): 861 -881.

[360] Zhou, K. Z. , & Xu, D. How Foreign Firms Curtail Local Supplier Opportunism in China: Detailed Contracts, Centralized Control, and Relational Governance [J]. *Journal of International Business Studies*, 2012, 43 (7): 677 -692.

[361] Zhuang, G. , Xi, Y. , & Tsang, A. S. L. Power, Conflict, and Cooperation: The Impact of Guanxi in Chinese Marketing Channels [J]. *Industrial Marketing Management*, 2010, 39 (1): 137 -149.